자녀의
재능 계발을 위한
열 가지
교육 지침

냉정한 부모의 자녀교육법

강충열 | 박승렬 공저

학지사

머리말

    홍부자도 아니고 강부자도 아닌 '냉부자'라는 말은 냉정한 부모-자녀관계를 연상시킨다. 정확하지는 않지만 아주 틀린 말도 아니다. 이 책은 자녀의 재능 계발을 원하는 부모들에게 냉정한 부모가 될 것을 요구한다. 냉정한 부모는 차가운 부모가 아니라 합리적이고 이성적인 부모이다. 냉정한 부모는 매정하고 쌀쌀하여 자녀에 대한 사랑이 없는 부모가 아니라 사랑을 베풀되 교육적인 차원을 유지하는 부모이다. 냉정한 부모는 자녀에 대한 막연한 기대보다는 자녀의 재능을 찾아내어 계발하려고 노력한다. 냉정한 부모는 생각이나 행동이 감정에 좌우되지 않고 침착하여, 자녀를 남과 비교하여 뛰어난 능력을 찾기보다는 자녀 내부의 여러 활동 영역 중에서 상대적으로 우수한 능력을 찾으려 노력한다. 냉정한 부모는 자녀의 교육 과정 중에서 자신의 발전을 함께 도모한다.

자녀들을 영재로 키우고 싶은 많은 부모는 자녀 개인의 내부에 존재하는 수월성을 발견하려는 노력을 하기보다, 남보다 뛰어난 지능을 가진 자녀를 원한다. 전통적으로 영재란 '남보다 지능이 뛰어난 자'이었기 때문이다. 현대의 영재 개념은 개인 내부의 여러 활동 영역에서 '상대적으로 뛰어난 재능'에 주목하고 있다. 냉정한 부모는 자녀의 낮은 지능에도 실망하지 않는다. 영재에 관한 현대의 여러 연구에 의하면, 성인 영재들이 이룩한 탁월한 업적은 높은 지능에서 나오지 않았기 때문이다. 오히려 탁월한 업적을 남긴 많은 사람의 지능은 보통 수준이었고, 창의성이나 과제집착력과 같은 정의적 능력이 재능 영역에서 발휘될 때 탁월한 성취가 나타났다. 놀랍게도, 탁월한 업적은 탁월한 지능을 요구하지 않았다.

재능과 지능은 '상대성'이라는 용어와 밀접하게 연결되어 있다. 지능은 다른 학생들과의 상대적인 개념, 즉 어떤 학생이 지능검사 등에서 다른 학생들과의 비교를 통해 얻은 상대적 수치의 개념이다. 반면, 재능은 어떤 학생이 자신의 여러 활동 영역 중에서 다른 영역에 비해 상대적 우수성을 보이는 영역의 개념이다. 냉정한 부모는 이 책을 통해서 지능보다 자녀의 내부에 존재하는 재능 계발에 더 관심을 갖게 될 것이다.

냉정한 부모는 눈에 보이는 자녀의 일시적인 퍼포먼스에 흥분하기보다는 가만히 자녀 내부의 잠재력을 들여다보는 일에 마음을 쓴다. 지능이 뛰어나든지 어느 분야에서 상대적 재능을 가졌든지 간에 모든 자녀는 성인으로서 탁월한 업적을 남기기 전까지는 잠재적 영재이다. 그런데 어린 시절의 잠재력, 즉 영재성은 발달적 가변성이 있다. 발달적 가변성이란 어린 시절의 잠재성이 어떻게 계발되는가에 따라, '황금이 한낱 돌'로 변할 수도 있고, '한낱 돌이 황금'으로 변할 수도 있다는 것을 의미한다. 그렇기 때문에 냉정한 부모는 자녀의 평범함 속에 숨어 있는 재능을 찾으려고 노력한다.

「영재교육진흥법」에 영재는 '특별한 교육을 필요로 하는 자'로 명시되어 있다. 영재성이 인정되는 학생은 특별한 교육이 필요하다는 의미이다. 물론 여기서의 특별한 교육이란 영재들이 특별한 아이들이니 특별한 대우를 하여 교육해야 한다는 것을 의미하지 않는다. 특별한 교육이란 특권교육이 아니라 영재성 계발을 위한 필요교육을 말한다. 영재에게 특별한 교육이 필요한 것은 잠재성의 계발이 저절로 이루어지는 것이 아니기 때문이다. 우리의 초·중등학교 교육은 '보통교육' 또는 '일반교육'이라고 불리는 것에서 알 수 있듯이, 그 주된 목적을 국민으로서 공통적으로 갖추어야 할 기본 지식과 기능 및 가치관을 습득시키는 데 중점을 두고 있다. 학교는 아직 영재교육에 소극적인 상황에 놓여 있다. 그러므로 적극적인 관심을 가져야 할 주체는 가정이 될 수밖에 없다. 냉정한 부모는 영재교육에 관한 학교의 한계를 알지만, 그렇다고 해서 지나치게 소모적인 사교육에 의존하지는 않는다. 냉정한 부모는 자녀의 영재성 계발에 필요한 지식을 구하고 공부하여 부모와 멘토의 역할을 조절하면서 조용하고 꾸준하게 실천한다.

영재성 계발에 대한 가정의 역할은 공교육의 제한적인 환경 때문만이 아니라 영재성 계발에 필수적인 요소이기도 하다. 재능 발달의 과정은 장기적인 격려와 양육, 교육과 훈련의 과정을 필요로 하기 때문이다. 냉정한 부모는, 자녀를 영재로 키우려는 보상적이고 감정적인 심리를 가진 부모가 되어 자녀를 혼란스럽게 하는 것이 아니라, 차분하고 장기적인 관점으로 도움과 안내를 고민하는 코치로서의 부모가 된다. 코치로서의 부모는 자녀의 재능 계발에 필수적인 요소이다. 또한 가정은 인성교육의 장이라는 점에서도 필수적인 요소이다. 냉정한 부모는 허용적이기만 한 부모는 아니다. 그렇다고 해서 자녀의 행동을 통제하고 지시하면서 따르도록 하는 전제형도 아니다. 냉정한 부모는 허용적이되 통제와 교정의 경계를 정해 놓은 권위형 부모이다. 인성 발달에 관한 연구들도 통제와 자율에 바탕을 둔 권위형이 가장 적합한 모델이라고 권하고 있다.

영재성 계발은 냉정한 부모로서 긴 시간의 노력과 상당한 인내심을 요구한다. 하지만 희생만 있는 것은 아니다. 자녀의 영재성을 계발해 나가는 부모 자신도 성인 영재가 되어 훌륭한 성취를 내는 경향성이 높다는 보고가 있다. 그것은 영재성이 무엇이고 영재성 계발을 위한 최선의 방법이 무엇인지를 이해하고 실천하여, 자연스럽게 그것들을 부모 자신의 능력 계발에 적용하면서 일어나는 현상이다.

끝으로, 이 책에서 요구하는 냉정한 부모는 사실 현명한 부모라는 이미지에 더 가깝다. 그럼에도 불구하고 냉정한 부모가 되기를 바라는 것은 현명한 부모가 너무 넓은 범위에 걸쳐 있는 한국인의 바람직한 부모상이기 때문에, 현명한 부모이지만 냉정한 부모로서의 역할을 더 강조하고 싶은 이유에서이다. 또한 아무리 냉정한 부모의 역할을 강조한다고 해도 그렇게 되지 않는 것이 부모와 자식의 관계이기 때문에 냉정한 부모의 역할을 더 강조하고 있을 뿐이며, 결코 현명한 부모의 역할을 떠나라는 충고를 하고 있는 것은 아니다. 따라서 이 책의 어떤 내용 속에는 냉정한 부모보다도 현명한 부모의 역할이 더 어울리는 부분이 있을 것이다. 가끔 냉정한 부모가 되어 보려하지만 현명한 부모가 떠오르면 그런 방식으로 나아가면 될 것이라 생각한다. 부디 이 책에 제시된 재능 계발의 지침들이 부모들에게 냉정한 부모로서의 부모 역할은 물론이고 부모 자신에게도 성취를 주듯이, 교사와 일반 사회인에게도 자기 계발과 발전을 위한 도움의 내용이 될 것을 기대한다.

이 책이 완성되기까지 여러분의 도움이 있었지만, 특히 네 분의 리뷰가 내용의 정합성을 높여 주었다. 평생 초등교육에 몸 바쳐 온 박치현 박사님은 공교육의 입장에서 조목조목 의견을 주었고, 수십 년 동안 사교육의 현장에서 영재 아이들을 지켜봐 온 이은옥 원장님도 여러 사례를 통해 솔직한 의견을 주었다. 그리고 두 아이의 엄마로서 영재교육에 깊은 안목을 지닌 최윤희 님은 다양한 체험담을 주었으며, 역시 두 아이의 엄마로서 워킹맘인 박유나 변호사 님은 치밀한 논리로 재능 계발에 대한 자신의 의견을 제공하였다. 이 자리를 통해 심심한 감사의 말씀을 드린다.

2019년 2월
저자 일동

차례

●

냉정한
부모의
자녀교육법

I
누가
영재인가

누가 영재인가

이 책은 '누가 영재인가?'라는 물음에서 출발한다. 많은 부모가 아이를 키우면서 '우리 아이는 영재가 아닐까'라는 생각과 기대를 갖게 되는 것은 공통적인 현상일 것이다. 특히 아이들의 언어 구사 능력을 지켜보고 있노라면 우리 아이가 영재라는 생각이 더 들게 마련이다.

왜 그럴까? 모든 동물은 그들 나름의 의사소통 수단을 가지고 있고 인간은 더 특별한 언어능력을 갖고 있기 때문이다. 24개월만 되어도 의사소통이 가능한 언어를 구사하고 만 3세가 되면 성인들과도 상당한 수준에서 의사소통을 하는 데에 문제가 없다. 이후 책을 마주하여 글자를 익힐 때가 되면 어느 순간 저절로 낱말이 상징하는 것을 알아차린다. 새내기 부모가 보기에 이 같은 특징을 보이는 자신의 아이는 영재가 틀림없다. 이 시기에 일어나는 이러한 마법 같은 과정은 아직 정확하게 설명되고 있지 못하지만 단지 인간만이 갖고 있는 특수성이라는 정도로만 알려져 있을 뿐이다. 그렇기 때문에 정도의 차이가 있지만 마법과 같은 언어습득 능력만을 영재의 기준으로 삼기에는 충분하지 못하다.

그렇다면 누가 영재인가? 영재란 우연히 태어나는 것인가 혹은 길러지는 것인가? 결론부터 말하자면, 현대의 영재 개념은 후자에 속한다. 즉, 영재는 후천적으로 길러질 수 있다는 것이다. 영재가 후천적으로 길러질 수 있다면 어린 자녀를 둔 부모들에게는 참으로 반가운 소식이다. 전통적으로 영재란 신동과 같은 개념이었다. 영재를 칭하는 영어도 'gifted'이었다. 짐작할 수 있겠지만 'gifted'라는 말은 '선물을 받은 사람'이라는 뜻이다. 아이를 낳고 보니 유전적인 요인이든 신의 선물이든 간에 운 좋게도 태어난 아이가 신동인 것이다. 이 아이는 하나를 가르치면 열을 알고 가만히 놔두어도 공부를 잘해서 수재라는 소리를 들을 정도니 개천에서 용이 난 격이다. 전설에 의하면, 용이란 폭포수 아래의 깊은 소(沼)에서나 나는 것이지 개천과 같은 작은 물줄기나 개골창 물이 흘러가도록 만든 시냇가 같은 곳에서는 날 수가 없다. 그럼에도 개천에서 용이 났다면 이것은 흔한 일이 아니며 대사건이다. 이렇듯 'gifted'라는 의미의 영재란 하늘이 내린 '특별히 선물받은 아이'이고 큰 화젯거리가 될 만한 아이이다. 그러므로 전통적인 의미의 영재란 높은 지능의 소유자를 뜻하며 선천적인 의미가 강하다.

반면에, 현대의 영재란 후천적인 의미가 더 강하고, 용어도 'gifted'라는 단어보다는 'talented'라는 말을 사용한다. 'talented'라는 말에서 느낄 수 있듯이, 현대의 영재란 '지능이 뛰어나다'라기보다는 '재능이 뛰어난 사람'이다. 흔히 TV의 연기자를 탤런트라고 한다. 탤런트들은 모두 연기가 뛰어난 재능 있는 사람들이지만 눈여겨볼 것은 탤런트들 모두가 미남미녀가 아니라는 점이다. 물론 타고난 외모가 탁월하여 탤런트가 될 수도 있지만 미남미녀가 아니더라도 탤런트가 될 수 있다. 어떤 탤런트는 뛰어난 몸짓 연기로, 어떤 탤런트는 악역으로 또는 무술 실력으로도 빛을 낸다. 하지만 이들 모두의 재능은 선천적이라기보다는 노력으로 얻어진 경우가 많다. 아무리 뛰어난 외모 조건을 가지고 태어났다고 할지라도 그들의 연기력은 후천적 노력이 뒷받침되어야 발전할 수 있다. 이렇듯 영재에 관한 현대적 의미는 지적인 분야만이 아닌 여러 활동 분야에서 그들의 잠재적 재능이 후천적 노력으로 뒷받침된 사람을 지칭한다. 노력으로 훌륭한 탤런트가 될 수 있는 것처럼 우리의 자녀도 후천적으로 영재가 될 수 있다면 이제 부모들은 물론 교사들에게도 인식의 전환이 필요한 시점에 와 있다고 할 수 있다.

영재의 개념이 예전보다 많이 달라졌다고는 하지만, 아직도

냉정한 부모의 자녀교육법 자녀의 재능 계발을 위한 열 가지 교육 지침

많은 부모는 영재란 지능이 높고 학교에서 학업 성취가 높은 학생들이라고 생각하는 경향이 있다. 이것은 영재에 대한 전통적이고 부분적인 이해 때문이다. 그렇다면 '누가 영재인지'를 더 구체적으로 살펴보자. 앞서 개괄적으로 훑어본 바와 같이, 영재에 관한 정의나 조건이 달라지면 당연히 영재교육에 관한 방향이나 방법도 달라질 것이기 때문이다. 영재의 개념을 더 명확히 하기 위해, 먼저 우리나라의 「영재교육 진흥법」을 살펴보자. 「영재교육 진흥법」 제2조 제1항에서는 영재를 다음과 같이 정의하고 있다.

영재의 정의(「영재교육 진흥법」 제2조 제1항)

① 재능이 뛰어난 사람으로서
② 타고난 잠재력을 발휘하기 위하여
③ 특별한 교육을 필요로 하는 자

하지만 이 정의를 자세히 살펴봐도 어떤 사람이 영재인지 혹은 영재의 조건이 무엇인지 한눈에 들어오지 않는다. 한 항목씩 다시 살펴보자.

첫째, '재능이 뛰어난 사람으로서'라는 의미는 무엇보다 영재란 재능이 뛰어난 사람이라는 뜻이다. 영재라고 불리려면 재능이 있어야 하고, 그 재능이 뛰어나야 한다는 것이다. 그렇다면 재능이란 무엇인가? 이 법의 세부 사항은 재능을 '다양한 인간 활동 영역에서의 우수함'이라고 정의하고 있다. 여기서 '다양한 인간 활동 영역'이라는 부분에 주의를 기울일 필요가 있다. 재능이란 우수함이며, 그 영역은 지능이나 학업 성적과 같은 특정한 영역에 국한되는 것이 아니라 인간 활동의 여러 영역을 대상으로 삼고 있다는 것이다. 「영재교육 진흥법」에서는 영재성 영역을 일반 지능, 특수 학문 적성(각 교과 영역을 말함), 창의적 사고 능력, 예술적 재능(시각 및 공연 예술을 포함함), 기타 특별한

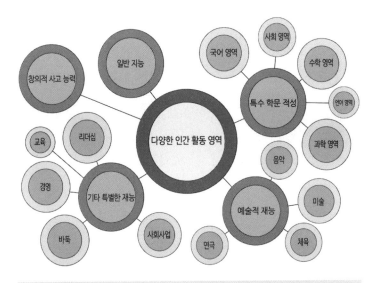

재능 = 다양한 인간 활동 영역에서의 우수함
    → 일반 지능
    → 특수 학문 적성(각 교과 영역을 말함)
    → 창의적 사고 능력
    → 예술적 재능(시각 및 공연 예술을 포함함)
    → 기타 특별한 재능(리더십, 경영, 바둑, 사회사업, 교육 등 앞의 4개 영
       역에 포함되지 않은 영역의 재능)

재능(리더십, 경영, 바둑, 사회사업, 교육 등 앞의 4개 영역에 포함되지 않은 영역의 재
능)의 5개로 분류하고 있다. 이렇게 본다면 우리나라의 「영재교
육 진흥법」에서도 지능과 교과 성적에서의 우수함은 재능의
한 영역일 뿐이라고 말하고 있음을 알 수 있다. 이처럼 재능이
란 학습 영역에서뿐만 아니라 예술, 체육, 리더십, 바둑, 비즈니

스, 경영, 정치, 컴퓨터, 게임 등 여러 인간 활동 영역에서도 나타날 수 있다. 미국 교육부가 규정하고 있는 재능에 대한 영역도 우리와 유사하다. 재능 영역을 일반적 능력, 특수학업 능력, 창의적 능력, 시각 및 공연 예술, 신체적 재능, 리더십으로 나누고 있는 점에서 그렇다.

현대적 의미의 영재를 더 깊이 이해하기 위해서는 재능과 지능이 영재의 개념과 어떻게 연관되어 있는지 살펴볼 필요가 있다. 영재에 관한 전통적인 입장과 현대적 입장에 해당하는 강조점은 각각 지능과 재능이다. 이 두 개념은 '상대성'이라는 용어와 밀접하게 연결되어 있다. 지능이 '개인 간(between-individual) 차원'에서의 상대적 우수성이라면, 재능은 '개인 내(within-individual) 차원'에서의 상대적 우수성으로 개념화할 수 있다.

간단하게 표현하자면, 지능은 타인과의 비교라는 점에서 상대적 개념이고, 재능은 자신 내부에 존재하는 재능들 간의 비교라는 점에서 상대적 개념이다. 과거의 영재교육은 주로 지능 개념에 기초하여 전개되었으나, 현대의 영재교육은 재능 개념에 바탕을 두고 있다. 이러한 변화는 영재에 관한 그동안의 여러 연구 결과에 기초하고 있다. 영재에 관한 현대의 여러 연구를 핵심적인 문장으로 나타내면, '성인 영재로서 탁월한 업적은 높은 지능에서 나오지 않는다.'라는 것이다. 오히려 탁월한 업적

냉정한 부모의 자녀교육법 자녀의 재능 계발을 위한 열 가지 교육 지침

을 남긴 많은 사람의 지능은 보통의 수준이었고, 창의성이나 과제집착력이 재능 영역에서 발휘될 때 탁월한 성취가 나타났다. 놀랍게도 탁월한 업적은 탁월한 지능을 요구하지 않았다. 탁월한 지능이 필요 없다는 것이 아니라 탁월한 지능이 아닌 보통의 지능으로도 탁월한 업적이 나왔다고 해석해야 할 것이다.

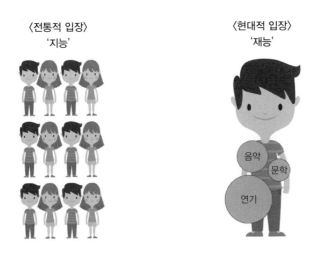

둘째, 「영재교육 진흥법」에서 강조하는 두 번째 요소는 잠재력이다. 잠재력이 강조되는 이유는 모든 아이, 모든 학생은 성인으로서 탁월한 업적을 남기기 전까지는 잠재적 영재이기 때문이다. 왜 모든 아이를 잠재적 영재라고 불러야 할까? 어린 시절의 잠재력, 즉 영재성은 발달적 가변성이 있기 때문이다. 발달적 가변성이란 어린 시절의 잠재성이 어떻게 계발되느냐에 따라 '황금이 한낱 돌'로 변할 수도 있고, 역으로 '한낱 돌이 황금'으로 변할 수도 있다는 것을 의미한다. 예를 들어, 과거 매우 높은 수준의 지능을 지닌 영재라고 하여 신문지상에서 떠들썩하게 보도되었던 어린 영재가 지금은 보통 사람으로 변해 버린 일들은 전자의 경우에 해당하고, 어린 시절 평범한 지능을 가진 아이이기에 각광을 받지 못했던 에디슨이나 아인슈타인과 같은 인물이 위대한 과학자가 된 일들은 후자의 경우에 해당한다.

이런 배경에서 성인 영재와 학생 영재는 개념적으로 구분된다. 성인 영재란 가시적(manifested) 영재이고, 학생 영재는 잠재적(potential) 영재이다. 성인 영재는 그가 속한 직업 영역에 설정

학생 영재 = 잠재적 영재
└ 잠재성 = 발달적 가변성

〈학생 영재〉   〈성인 영재〉

잠재적 영재: 성인 영재로 성장할 가능성이 보통 학생들보다 좀 더 높은 사람

가시적 영재: 이미 탁월한 업적을 가시적으로 창출해 낸 사람

되어 있는 수행 표준에 비추어 이미 탁월한 업적을 가시적으로 창출해 낸 사람이다. 반면에, 학생 영재는 성인 영재로 성장할 수 있는 잠재력이 보통 학생들보다 좀 더 크다는 것을 의미하고 있을 뿐이다. 학창 시절 영재로 주목받았던 학생들도 성장 과정에서 그 잠재력을 상실하면 성인 영재로 성장하지 못할 수 있고, 학창 시절 주목받지 못했던 보통 학생들일지라도 꾸준히 영재성을 계발한다면 성인 영재가 될 수 있다. 그런 점에서 영재성보다는 영재성의 계발이 더 중요하고, 부모나 멘토의 역할이 성인 영재의 탄생에 더 결정적이라고 할 수 있다.

셋째, 영재는 '특별한 교육을 필요로 하는 자'이다. 즉, 영재성이 인정되는 학생은 특별한 교육이 필요하다는 의미이다. 여기서 말하는 '특별한 교육'에 관해서는 부가적인 설명이 필요하다. 특별한 교육이란 영재들이 특별한 아이들이니 특별한 대우를 하여 교육해야 한다는 것을 의미하지 않는다. 특별한 교육이란 특권교육이 아니라 영재성 계발을 위한 필요교육을 말하는 것이다. 그렇기 때문에 「영재교육 진흥법」은 초·중등학교 학생들 모두를 대상으로 한 법이며, 모든 학생은 능력과 적성에 따라 독특한 교육적 요구를 가지고 있다. 영재교육은 그런 교육적 필요 때문에 실시되어야 한다는 것을 의미하는 것이며, '가진 자에게 더 주기 위해 실시되는 특권교육'이 아니다. 더 구체적으로 영재에게 특별한 교육이 필요한 이유는 잠재성의 계발이란 저절로 이루어지는 것이 아니기 때문이다. 일반적으로 '영재는 저절로 큰다.'라는 말은 신화일 뿐 사실이 아니다. 우리나라에는 아직 이 부분에 관한 연구가 거의 없지만, 미국의 경우는 학교를 중퇴하는 고등학생, 범죄를 저지르는 청소년의 상당수가 영재들이며, 영재들의 과반수가 자신들의 능력에 상응한 성적을 올리지 못하는 미성취 영재들인 것으로 보고되고 있다. 이런 현상들은 영재들이 저절로 크는 것이 아니라는 것을 말해 주고 있는 것이며, 미 교육부 교육위원이였던 마랜드(Marland)도 미국 의회에 제출한 보고서에서 이러한 점에 대해 다음과 같이 지적하고 있다.

…… 연구들은 많은 영재가 자신들의 지적 잠재력에 상응하지 못한 수행을 보이고 있다는 것을 확인시켜 주고 있다. 이것은 뛰어난 능력을 가진 영재들이 스스로 자신의 길을 개척한다는 안이한 생각을 접도록 해 준다. 지적이고 창의적인 재능은 교육적 무관심과 냉담함을 극복하지 못하면 살아날 수 없다.

영재 = 특별한 교육을 필요로 함
└ 영재성 계발을 위한 필요교육

영재는 교육적 무관심 속에서는 자랄 수가 없다는 말은 그들을 위한 특권적인 교육이 필요하다기보다는 영재성 계발을 위한 특별한 관심이 필요하다는 것이다. 우리의 초·중등학교 교육은 '보통교육' 또는 '일반교육'이라고 불리는 것에서 알 수 있듯이, 그 주된 목적을 국민으로서 공통적으로 갖추어야 할 기본 지식과 기능 및 가치관을 습득시키는 데 두고 있다. 하지만 강조한 바와 같이, 영재교육은 보통교육에 중점을 둔 일반적인 학교 교육만으로는 효과를 거두기 어렵다. 물론 학교가 영재교육을 위한 특별 과정을 설치할 수도 있겠지만 아직 적극적이라고 볼 수 없는 실정이다. 결국 우리나라의 경우, 영재교육에 적극적인 관심을 가져야 할 주체는 가정이 될 수밖에 없다.

가정의 역할을 좀 더 상세하게 들여다보자. 앞서 제시된 논의에서는 학교의 일반교육으로는 영재성 계발을 충족시키지

못한다는 점에서 가정의 역할이 강조되었다. 하지만 다른 측면에서도 가정의 역할이 필수적이라는 연구들이 있다. 영재교육에서 가정의 역할이 중요한 것은 어쩔 수 없는 교육 환경의 문제 때문이기도 하지만, 다른 한편으로는 영재성의 계발에 가정의 역할이 필수적 요소이기 때문이다. 위대한 교육 이론가 블룸(Bloom)은 탁월한 성취를 올린 음악가, 미술가, 체육인, 수학자, 과학자들의 어린 시절을 연구한 끝에 다음과 같이 말했다. "재능 발달의 긴 과정을 지원하는 가정의 역할은 그림의 한 조각일 뿐이지만, 그것은 결정적이다." 당연히 재능의 발달은 장기적이고 집중적인 격려와 양육, 교육과 훈련의 과정을 필요로 한다. 자녀의 재능 계발에 있어 부모의 관심과 배려는 영재성 계발의 한 부분이지만 부모의 관심과 배려 없이는 영재성 계발이 불가능하다는 것이다. 다시 강조하자면, 재능 계발 과정에서 부모의 역할은 그것만으로 충분한 것은 아니지만 다른 한편으로는 필수적이고 결정적인 요소이다. 이제 마지막으로 '누가 영재인가'에 대해 대답할 차례이다. 그 대답은 '모든 아이'이다. 이 책은 '누가 영재인가?'라는 물음에서 출발하여 '모든 자녀는 영재이다.'라는 대답을 거쳐, 앞으로 그 영재성을 계발하기 위한 가정의 역할, 특히 냉정한 부모로서의 역할을 지침으로 제시하고자 한다.

66

지능은 '개인 간(between-individuals) 차원'에서의 상대적 우수성이고,
재능은 '개인 내(within-individual) 차원'에서의 상대적 우수성이다.

99

II
자녀의 재능 계발을 위한 열 가지 교육 지침

자녀의 재능 계발을 위한 열 가지 교육 지침

앞서 설명한 바와 같이, 현대 영재교육학자들의 중요한 발견은 자녀들이 성인 영재로 성장하는 데 필요한 요소 속에 높은 지능이 포함되어 있지 않다는 사실이다. 지능은 평균(100) 이상이면 충분하였고, 오히려 창의력 그리고 집중력

"영재가 되는 데
IQ 100 이상이면
충분해요~."

과 인내심 같은 정의적 특성이 더 중요한 위치를 차지하고 있었다. 이와 같은 현대 영재교육학자들의 연구는 영재교육에 큰 희망을 주는 중요한 메시지가 되고 있다. 지능이 높은 아이가 영재라면 영재교육은 지능 계발이나 지능이 좋은 영재들을 대상으로 한 교육이 핵심이 되어야 하고, 영재교육은 지속적인 장애물을 만나게 되었을 것이다. 지능은 유전적 요인이 많이 작용하여 쉽게 계발되지 않는 특성이 있고, 지능이 좋은 학생들을 특별하게 교육하는 문제도 내용과 방법에 많은 어려움이 있기 때문이다.

이 책의 주요 목적 중의 하나는 냉정한 부모가 되는 방법을 찾는 일이다. 냉정한 부모가 되려면 무엇보다 먼저 지능에 관한 개념을 명확하게 인식할 필요가 있다. 요즘 지능에 관한 여러 연구가 공개되고 일반화되어, 많은 부모가 다중 지능에 관한 관심이 높고 상당한 정보를 가지고 있는 것도 사실이다. 다음은 부모들이 자녀의 다중지능검사를 마친 후 나타내는 일부 반응들이다. 예를 들면, "우리 아이는 음악 지능이 높다는 것을 확인했기 때문에 앞으로 음악가가 되도록 교육하겠다." "우리 아이는 우뇌형이기 때문에 우뇌기능이 필요한 직업을 선택하게 하겠다." 등이다.

이 지점에서 다시 한번 지능과 재능을 명료하게 구별해 보

냉정한 부모의 자녀교육법 자녀의 재능 계발을 위한 열 가지 교육 지침

자. 다중지능검사를 통해 얻은 것은 지능이지 재능이 아니다. 가령, 음악 지능이란 음의 여러 독특한 차이를 매우 정확하게 인식하거나 민감하게 반응하는 능력이라고 할 수 있다. 주변에서 보면 어릴 적부터 음악만 나오면 K-POP 아이돌처럼 춤을 기가 막히게 잘 추고 노래도 잘하는 끼 많은 아이들이 있다. 그렇다고 해서 이 아이들이 음악 지능이 높다고 말할 수는 없다. 음악 지능이 멜로디나 음의 장단 고저에 대한 민감성이라면,

지능 = 재능 중의 하나

재능

독립심
탐구심
과제집착력
자아통제력
특수 학문 적성
창의적 사고

자기주도성
인내력
일반 지능
예술적 재능
기타 특별 재능

* 지능은 뿌리 중의 하나

음악만 나오면 기가 막히게 춤을 잘 추고 노래를 잘하는 끼는 재능이다. 그렇다면 음악 지능이 높은 아이는 음악 재능이 좋은 아이일까? 반드시 그렇지는 않다. 음악 지능이 높다고 해서 훌륭한 연주가나 아이돌이 되는 것도 아니며, 평범한 지능으로 탁월한 성취를 남긴 뉴턴이나 아인슈타인처럼, 음악 지능이 낮다고 해서 음악적 재능이 없는 것도 아니다. 높은 음악 지능은 음악가로서 높은 성취를 이루는 데에 좀 더 높은 잠재성을 가지고 있을 뿐이다.

냉정한 부모가 되기 위해서는 타깃을 분명히 해야 한다. 플라톤의 말처럼, 활을 쏘려면 먼저 자신의 과녁을 찾아 그 방향으로 화살을 겨누고 다음으로 미세 조정을 하여 시위를 당겨야 한다. 주변에 휩쓸려 자신의 과녁을 찾지 못하는 부모는 냉정한 부모가 될 수 없다. 자녀의 영재성 계발의 타깃은 자녀의 타고난 지능이 아니라 자녀의 재능이다. 이 책에서 요구하는 냉정한 부모는 지능이 아니라 재능 계발을 위해 어떤 역할을 해야 하는가에 초점을 두고 나아가야 한다. 지능검사의 결과를 잘못 해석하거나 과장하여 오해할 때 애꿎은 자녀들만 스트레스를 받아 피곤해질 수 있고, 잘못된 교육의 방향으로 나아갈 수 있다.

되돌아가 보자. 영재가 후천적으로 길러질 수 있다면, 냉정

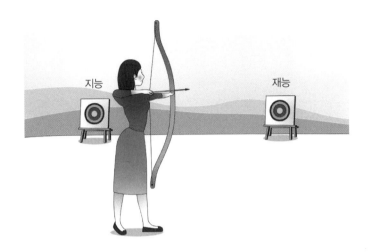

한 부모는 어떤 방식으로 영향력을 발휘해야 하는가? 이 책을 읽는 부모는 이제 냉정한 부모가 되기 위해서 가정의 역할이 영재교육의 가장 중요한 첫 단계임을 인식하고, 차근차근 영재성 계발에 관한 철학과 방법론을 찾아갈 것이다. 무엇보다 조급하고 불안한 마음에 잘못된 상식에 기초하여 산발적이고 단기적인 개입을 하지 않는 것이 중요하다. 이런 배경에서 저자들은 그간 이루어진 영재교육에 관한 연구들을 살펴보고, 자녀를 영재로 기르기 위해 필요한 교육 지침과 전략을 열 가지 항목으로 구성하여 제시하고자 한다. 이 열 가지 전략은 상호 관련성을 갖고 있기 때문에 완전하게 독립적인 것은 아니지만 서로 강조점이 달라 구별될 수 있는 성격을 지니고 있다.

1. 영재교육의 목표는 자아실현이다

행복한가 그렇지 못한가는 결국 우리들 자신에게 달려 있다.
−아리스토텔레스(Aristoteles)−

많은 정치인이나 기업인은 "영재 하나가 보통 사람 오만 명을 먹여 살린다."라고 말한다. 그만큼 영재교육이 중요하다는 말일 것이다. 하지만 이것은 근본적으로 영재교육 철학에 관한 잘못된 이해의 표현이다. 물론 국가가 교육을 통해 사회 발전을 증진하고자 하는 것은 국가의 당연한 의무이고, 영재교육을 통해 사회・경제적 발전을 도모하는 일도 잘못이라고 말하기는 어렵다. 하지만 그러한 노력은 교육의 도구적 측면을 강조하는 것일 뿐 영재교육의 근본적인 목적은 아니다. 어떤 차원에서도, 근본적으로 자녀의 자아실현이 영재교육의 목표가 되어야 한다.

앞서 강조한 바와 같이, 영재란 지능이 뛰어난 사람이 아니

영재 교육의 목표 = 1. 자아실현
　　　　　　　　└ 자신이 가진 재능을 탁월하게 발휘하는 삶
　　　　　　　 2. 국가 사회의 발전

라 재능이 뛰어난 사람이다. 영재에게 자아실현이란 자신이 가진 재능을 탁월하게 발휘하는 삶이다. 아리스토텔레스는 자신이 가진 기능이 탁월하게 발휘되는 삶을 행복이라고 하였다. 그의 행복론을 적용해 보면, 자신의 재능이 충분하게 발휘되는 삶이 영재에게는 자아실현의 삶이고 행복한 삶이다. 더 구체적으로 말하면, 영재에게 자아실현이란 타고난 창의적 잠재력을 충분히 발휘하여 자신이 되고자 하는 인물이 되어 가는 과정이고 그 자체가 행복이다.

인간의 삶은 도구가 아니라 그 자체로 목적이 되어야 한다. 두말할 나위 없이 영재의 재능 또한 수단이 되어서는 안 된다. 영재교육의 두 목적을 국가 사회의 발전과 자아실현으로 굳이 구분하는 이유는, 이 두 목적의 관계가 역으로 된 영재교육은 실패할 가능성이 높기 때문이다. 가령, 영재가 국가 사회의 발전을 위한 도구적 측면으로 부각되어 우선시되면 당연히 영재 개인의 인격적 존엄성은 도구적 목적을 위해 희생을 당할 수밖에 없을 것이다. 영재교육의 도구적 측면을 강조하는 일은 전체주의 국가에서나 일어날 수 있는 일이다. 국민 개개인의 인간적 존엄성을 강조하는 민주주의 국가에서는 당연히 영재 개개인의 자아실현이 우선적인 목표가 되어야 한다.

이러한 원칙은 가정에도 마찬가지로 적용될 수 있다. 많은 부모는 영재교육을 통해서 자녀들이 사회적으로 성공한 사람이 되기를 기대할 것이다. 그것도 영재교육의 목표라면 목표가 될 수 있다. 하지만 자녀의 성공과 성취에 대한 기대와 믿음 속에는 우리가 예상치 못한 함정이 숨어 있다. 누구나 알고 있지만 간과하고 있는 사실은, 좋은 직업이나 성취, 그리고 성공은 우리가 원하는 대상일 뿐이며 우리 마음대로 그것을 선택할 수는 없다는 것이다. 자녀의 재능이 훌륭하다고 할지라도 원하는 직업을 가질 수 있을 것인지 혹은 원하는 일에서 사회적 성공을 거둘 수 있을지는 누구도 알 수 없다. 원함이란 그렇게 되기를 원하는 것일 뿐 그것의 달성 여부는 우리가 선택할 수 없는 것이 삶의 원리이다. 따라서 성공만을 재능교육의 목표로 삼고 있다면 그것은 부모나 자녀 모두에게 실패한 결과가 될 가능성이 크다. 성공만이 목표라면, 사회적으로 성공했더라도 자신의 재능을 충분히 발휘하지 못하였다면 행복하다고 느끼기 어려울 것이다. 반면에, 영재교육이 자아실현에 목표를 두고 있다면, 재능의 발휘가 사회적 성공으로 이어지지 못했을지라도 자신의 재능이 충분하게 발휘된 삶이라면 그것은 자신에게 좋은 삶이고 행복한 삶이 될 수 있을 것이다.

성공을 위해 자신의 재능을 정의롭지 못하게 사용하는 경우도 영재의 삶을 불행하게 만든다. 어려서부터 영재라고 불리며 남이 부러워할 만한 사회적 성공을 이루었으나, 자아실현이 아닌 다른 목표 달성을 위해 수단과 방법을 가리지 않다가 각종 비리에 연루되어 추락하는 사람들의 모습을 보는 것은 드문 일이 아니다. 그러므로 냉정한 부모는 자녀의 성공에 매달리지 않고 항상 자녀의 자아실현을 염두에 두면서 자녀교육의 방향타를 놓지 않아야 한다.

잠재적 영재에게 자아실현의 삶이란 자신의 창의적인 능력

냉정한 부모의 자녀교육법 자녀의 재능 계발을 위한 열 가지 교육 지침

을 발휘하면서 살아가는 '충분히 기능하는 인간'의 삶이다. 창의적 능력을 발휘하는 삶이란 무엇이며, '충분히 기능하는 인간'이란 어떤 사람일까? 창의적 능력을 발휘하는 삶이란 창의적 작품을 생산하며 사는 삶이다. '충분히 기능하는 인간'이란 자기 자신을 믿고 모든 경험을 있는 그대로 받아들이는 사람이고, 자신의 창의적 재능을 충분히 발휘하며 살아가는 사람이다. 영재가 실현해야 할 삶은 창의적 능력을 발휘하고 '충분히 기능하는 인간'으로서 살아가는 삶이다.

> 영재의 자아실현의 삶 = 창의적 능력을 발휘하고 충분히 기능하는 삶을
> 살아가는 것

영재의 자아실현과 관련된 창의적 작품이란 무엇일까? 창의적 작품은 독창성과 유용성이라는 두 가지 조건을 만족시켜야 한다. 즉, 어떤 작품을 창의적이라고 판단하려면 새롭고 유용해야 한다. 새롭고 유용함에는 세계적 수준에서 개인적 수준까지의 스펙트럼이 있다. 예를 들어, 세계적인 수준의 창의적 작품으로, 물리학 분야의 아인슈타인, 심리학 분야의 프로이트, 예술 분야의 피카소와 라이트 등이 거론될 수 있고, 이들은 새롭고 유용한 정도가 세계적인 수준이라 할 수 있다. 매슬로(Maslow)

는 이를 '특별 재능 창의성' 수준이라고 불렀다. 세계적 수준의 대척점에 속하는 스펙트럼으로 개인의 일상생활에서 새롭고 유용한 작품을 생산해 내는 개인적 수준이 있다. 매슬로는 이를 '자아실현적 창의성'이라고 부르며, 다음과 같은 예를 제시하고 있다.

> 한 부인이 있다. 교육도 받지 못했고 가난한 전업주부이면서 한 어머니이다. 그녀는 소위 세상이 인정하는 위대한 창의적 작품을 만들어 내지 못했다. 하지만 그녀는 훌륭한 요리가이며, 어머니이며, 아내이며, 가정의 디자이너이다. 적은 돈으로도 언제나 집을 아름답게 꾸민다. …… 그녀의 요리는 연회장의 만찬과 같으며, …… 린넨, 은, 유리, 도자기, 가구 등에 대한 안목은 흠이 없다. …… 그녀는 이러한 모든 면에서 아이디어가 독창적이고, 새롭고, 정교하고, 쉽게 예기치 못할 정도이며, 발명적이다. …… 나는 그녀를 오직 창의적인 사람이라는 것 외에 달리 부를 방법이 없다.

자녀가 자신의 재능을 발휘하여 창의적 삶을 살도록 하는 것은 '자아실현적 창의성'과 '특별 재능 창의성'이 연속된 선의 어느 지점에 위치하도록 하는 것을 의미한다. 영재가 자신의 잠재성을 실현하며 '자아실현적 삶'으로 나아갈 때 일차적으로 그의 삶은 성공의 삶이고 행복의 삶이 된다. 하지만 영재의 삶이

냉정한 부모의 자녀교육법 자녀의 재능 계발을 위한 열 가지 교육 지침

창의성 [특별 재능 창의성: 세계적인 수준
       자아 실현적 창의성: 개인적인 수준

'자아실현적 창의성' 수준에 머물러 있는 것은 최고의 행복은 아니다. 그의 삶이 '특별 재능 창의성'이 발휘되는 삶으로 나아갈 수 있을 때 가장 높은 수준의 자아실현이 될 것이며, 최고의 행복에 도달한 것이라고 볼 수 있다.

'기능하는 인간'이란 주체적인 삶을 사는 사람이다. 기능하는 인간의 삶은 원하는 삶에 도달하여 행복하게 사는 자아실현의 삶이다. 기능하는 인간의 삶은 잠재적 영재가 자신의 재능을 탁월하게 발휘하여 창의적인 삶을 사는 이상적인 삶의 모습이다. 이상적인 삶이란 쉽게 도달할 수 있는 목표는 아니지만 지향해야 할 목표이다. 잠재적 영재는 지향해야 할 목표가 분명할 때 성인 영재로 성장할 경향성이 높다. 로저스(Rogers)는 '충분히 기능하는 인간'의 모델로 철학자 소크라테스를 예로 들면서, 자녀가 '충분히 기능하는 인간'이 되면 다음과 같은 세 가지의 특징을 지닌 삶을 살게 된다고 말한다.

첫째, 삶의 경험에 대해 열린 마음을 갖는다. '충분히 기능하는 인간'이란 자신의 경험에 대해 열린 마음을 갖고 자신의 삶에 방어적인 자세를 취하지 않는 인간이다. 방어적인 자세란 자신에게 위협이 된다고 느끼면 그것을 왜곡하거나 부인하거나 은폐하는 태도를 말한다. 이러한 모습은 어린아이부터 정치인까지 흔히 볼 수 있는 모습이다. 자신의 삶과 경험에 열려

냉정한 부모의 자녀교육법 자녀의 재능 계발을 위한 열 가지 교육 지침

있지 못한 정치인들이 방어적인 자세로 왜곡이나 부인, 은폐를 시도하다 국민적 비난을 받고 퇴장당하는 경우는 자주 목격된다. '충분히 기능하는 인간'은 자신의 경험에 관해 마음을 열고, 외부 환경으로부터 오는 자극이나 자신의 내부에서 흘러나오는 자극을 왜곡하거나 부인하지 않고 자유롭게 수용한다. 대부분의 사람은 그들의 경험과 행위에 관하여 외부의 심각한 비난이 있을 경우 그것을 은폐하려는 감정과 열린 마음 사이에서 내적 갈등을 겪게 된다. '충분히 기능하는 인간'은 외부의 자극을 통해 겪게 되는 두려움, 좌절감, 고통, 그리고 그와 관련된 자신 내부의 감정 모두를 깊이 받아들이고, 조용하게 자신의 마음을 열어 자신에게 귀를 기울이며 자신에게 일어나는 일을 왜곡하지 않고 정확하게 파악한다.

둘째, 더 존재론적인 삶을 산다. '충분히 기능하는 인간'은 자신을 방어하지 않고 새로운 경험을 충분히 받아들일 뿐만 아니라, 삶의 매 순간을 새롭게 느끼며 살아가는 존재론적 삶을 사는 사람이다. 존재론적 삶을 사는 사람은 자신의 경험을 외부의 평가에 의존하여 해석하거나 그것에 이끌려 가지 않는다. 기능적인 인간이 되면 타인의 평가에 의존하지 않고 자신이라는 존재를 바탕으로 삶의 의미를 도출하고 그 의미를 자유롭게 탐닉하며 보다 건강하고 성숙한 삶을 살게 된다.

셋째, 자기 자신을 더욱 신뢰한다. '충분히 기능하는 인간'은 선택이나 결정이 필요한 상황에 처해 있을 때, 외부의 판단에 의존하기보다는 자신의 경험에 의해 합리적인 판단과 행동을 한다. 그렇지만 편협적이지 않으려 노력한다. 그는 자신을 믿지만 이기적이거나 독단적이지 않다. 중요한 판단과 행동이 요구될 때에는 가능한 모든 자료를 수집하여 각 자료가 요구하는 상대적 긴장감과 중요성을 파악하고, 이 모든 요구를 가장 잘 만족시켜 줄 수 있는 행동을 선택하는 사람이다.

자녀가 자아실현의 삶을 살면서 '충분히 기능하는 인간'이 되면 자신을 믿으며 존재론적 삶의 의미와 가치를 존중하고 그것을 찾아가는 삶을 지향한다. 그렇기 때문에 '충분히 기능하는 인간'은 창의적인 인물로 성장할 가능성이 높다. 기능하는 인간에게 명예나 지위와 같은 사회 경제적 이익은 자아실현의 삶이 가져오는 부산물일 뿐이다. 충분히 기능하는 삶을 사는 영재는 지위나 명예보다 자신의 재능을 탁월하게 발휘하는 삶 속에서 행복함을 느끼는 사람이다.

탁월한 업적을 낸 성인 영재들은 활동 속에 들어 있는 내재적인 흥미와 즐거움을 느끼는 사람들이며, 즐겁게 전력투구하면서 오랜 세월 동안 탁월한 재능의 발휘를 위해 노력해 온 사람들이다. 내재적인 즐거움이란 활동이 주는 보상적이고 외적

냉정한 부모의 자녀교육법 자녀의 재능 계발을 위한 열 가지 교육 지침

인 즐거움이 아니라, 그 활동 속에 붙박여 있는 본질적인 즐거움이다. 본질적이고 내재적인 즐거움 그 자체가 동기가 되기 때문에, 그들에게 외적인 동기로 작용하는 부나 지위와 같은 것들은 근본적인 목적이 아니라 부산물이다. 부나 지위와 같은 외적 동기는 본래 오래 지속되지 못하는 특성이 있다. 외적 동기의 그러한 특성 때문에, 영재들에게 외적 동기에 의존하는 목적이 주어지면 영재성의 발현은 어려워질 수밖에 없다.

자녀가 성인 영재로 성장하여 자아실현을 하는 삶을 살도록 돕기 위해서는 어릴 적부터 꿈을 품고, 그 꿈에 적합한 삶의 목적을 정하도록 안내할 필요가 있다. 임종이 가까운 노인들을

'꿈, 삶의 목적'

돌보는 호스피스 간호사들의 말에 의하면, 노인들이 죽기 전에 후회하는 것 중에 '난 나에게 정직하지 못했다'라는 항목이 가장 많았다고 한다. 자신이 되고자 하는 인물이 되지 못하고 다른 사람들에게 보여 주기 위한 삶을 살았다는 것이다. 무릇 인간은 자신의 삶이 단지 다른 사람들을 기쁘게 하는 형태로 고정되는 것을 원하지 않고, 그것으로부터 회피하려는 욕구를 가지고 있다. 자녀들도 타인의 강요로 자신의 욕구와 다른 것에 뜻을 두어야 하고, 그것에 억지로 의미를 부여하며, 외적 동기에 바탕을 두는 인위적인 삶을 싫어하는 것은 당연하다. 특히 영재들은 더욱 그러하다.

후일 자녀가 성년이 되어 자신의 삶을 후회하지 않고 만족스러운 삶을 살고 있다고 느끼게 하려면, 냉정한 부모는 당연히 자녀들이 자아실현의 추구를 삶의 목적으로 설정하도록 도와주어야 한다. 어떤 방식으로 도움을 주어야 할까? 잠재적 영재로서의 자녀가 삶의 목적을 설정하도록 도울 때는 다음의 두 가지를 고려해야 한다.

삶의 목적은 거시적이고 원시적인(distant) 것이어야 하고, 다른 한편으로는 특정적(specific)이고 뚜렷한(distinct) 것이어야 한다. 자녀에게 삶의 목적이 거시적이고 원시적이어야 하는 이유는 그것이 인생을 통해 추구되어야 하는 표적이 되어야 하

냉정한 부모의 자녀교육법 자녀의 재능 계발을 위한 열 가지 교육 지침

*삶의 목적
1. 거시적이고 원시적
2. 뚜렷하고 특정적

기 때문이다. 거시적이고 원시적인 목표는 멀리 보이는 등대와 같아서 자연스럽게 그것을 향해 자신의 재능을 계발해 나가는 삶을 살도록 해 준다. 다음으로, 삶의 목적이 '뚜렷하고 특정적'이어야 한다는 것은 첫 번째 조건과 상충되는 의미처럼 들릴 수 있다. 하지만 원대하고 먼 목적이면서도 '뚜렷하고 특정적'인 목적이라는 것이 원시적이면서 동시에 근시적인 목표를 의미하는 것은 아니다. 삶의 목적은 원대하고 먼 목표이어야 하지만 애매모호하지 않아야 한다는 것이다. 건강이나 사랑과 같은 덕목은 사람들이 일반적으로 추구하는 목표들이지만 삶의 목적으로 설정하기에는 불특정적이고 모호하여 뚜렷하고 특정적인 목적이라고 볼 수 없다. 예를 들어, "암백신을 개발하겠다." "훌륭한 부모가 되겠다." "우리나라 교육을 선진국 수준으로 끌어 올리겠다." 등이나 마틴 루터 킹 목사와 같이 "백인과 흑인 아이들이 서로 손잡고 놀 수 있는 사회를 만들겠다." 등은 뚜렷하고 특정적인 목적이다. 이제 삶의 목적이 설정되었다면, 다음으로는 그것이 마음속에 굳게 자리 잡도록 해야 한다. 다음은 삶의 목적을 확고히 하는 데 도움이 될 만한 TIP이다.

삶의 목적을 확고하게 하는 두 가지 TIP

첫째, 삶의 목적을 확고히 하기 위해서는 종이에 삶의 목적을 적어 늘 보이는 장소 몇 곳에 붙여 놓는 것이 효과적이다. 머릿속에만 자리 잡고 있는 목적은 늘 막연한 상태로 남아 있을 가능성이 높다. 삶의 목적을 글로 적어 붙여 놓으면 항상 바라볼 수 있어서 지속적으로 생각나게 하는 표시(reminder)로 작용한다. 그것은 자신의 삶을 그 방향으로 이끌어 가며, 삶 속에서 만나게 되는 고비에서도 다시 자신의 삶을 고취하는 역할을 한다.

둘째, 삶의 목적이 성취되었을 때의 모습을 상상하여 그것을 마음속에 강한 이미지로 새겨 둔다. 이것은 자신의 목적이 성취된 모습을 현재로 끌어와 그 삶을 실행하는 상상력을 발휘하도록 작용한다. 『긍정적 사고방식』이라는 책으로 유명한 노먼 빈센트 필도 삶의 목적을 희미한 채로 내버려 두지 말고, 성공한 모습을 마음속에 명확하게 하여 지울 수 없게 각인시키고, 그 그림을 끝까지 간직할 것을 다음과 같이 권고하고 있다.

나는 여러분에게 생애를 통해 달성하기를 원하는 것을 종이에 써서 붙여 놓을 것을 제안한다. …… 그것은 명확하고 분명하게 선언적인 문장이어야 한다. 여러 장을 써서 하루에 적어도 세 번은 볼 수 있도록 여러 곳에 붙여 놓는다. 또한 그 목적에 대한 맹세를 여러분의 의식적인 마음과 무의식적인 마음속 깊이 잠기게 할 것을 제안한다. 왜냐하면 그 목적을 달성하는 데 필요한 에너지를 방출하는 곳이 그 마음이기 때문이다. 가치 있는 목적을 설정하는 길이 성공의 길로 들어서는 첫걸음이라면, 다음 걸음은 믿음이다. 즉, 목적을 성취할 수 있다는 확신이다. 여러분은 마음속에 자신이 설정한 목적을 성공적으로 성취해 내는 자신의 모습을 흔들림 없는 이미지로 담고 있어야 한다. 이 성공 이미지가 생생할수록 그 목적은 좀 더 성취 가능한 것이 된다. 위대한 운동선수들은 항상 이것을 알고 있다. 장대높이뛰기 선수는 장대 위를 넘어 날아가는 자신의 모습을 이미지로 그리고, 축구 선수들은 공을 찰 때 머리를 숙이지만 마음의 눈으로는 몇 초 후에 일어나기를 원하는 상황을 이미지로 그려 낸다. …… 운동선수들은 발생할 이미지를 강하게 그리면 그릴수록 더 자신감을 갖게 되고, 성공할 확률은 더 높아지게 된다.

주목할 것은 목적을 이미지로 형상화하여 간직하는 일은 단순한 상상의 작업에 불과한 것이 아니라, 그곳으로부터 엄청난 에너지가 흘러나와 놀랄 만한 삶의 변화로 이끈다는 점이다. 항상 자신이 성취하기를 원하는 모습, 성취를 이룬 모습을 마음속으로 형상화해 보는 연습은 그 그림을 실현하기 위한 노력을 계속하게 할 것이기 때문이다.

"

탁월한 업적을 낸 성인 영재들은 활동 속에 들어 있는 내재적인 흥미와
즐거움을 느끼는 사람들이며, 즐겁게 전력투구하면서 오랜 세월 동안
탁월한 재능의 발휘를 위해 노력해 온 사람들이다.

"

2.

조기에 자녀의 흥미를 파악한다

자신이 하는 일을 재미없어 하는 사람치고 성공하는 사람을 못 보았다.
—데일 카네기(Dale Carnegie)—

앞서 살펴본 바와 같이, 현대의 영재란 지능이 뛰어난 사람이 아니라 재능이 뛰어난 사람이다. 따라서 앞으로 영재성이란 용어는 지능과 관련된 개념이 아니라 재능의 개념으로 사용될 것이다. 이제 냉정한 부모는 자녀의 지능보다 재능의 발견이 가장 우선하는 일임을 안다. 자녀의 재능을 발견하는 일이 이루어져야 그 재능이 발현되도록 계발하는 일로 이어질 수 있기 때문이다. 하지만 많은 부모는 자녀의 지능에 더 큰 관심을 갖고 각종 지능검사를 통하여 자녀의 높은 지능을 확인하고 싶어 한다. 높은 지능은 자녀가 공부를 잘하게 하고 좋은 대학에 진학하여 사회적 성공으로 올라가는 사다리가 되어 준다고 믿기 때문이다. 하지만 지능이 좋은 자녀에게 지능은 하나의 재능이다. 그런 자녀에게는 지능의 계발이 영재교육이 될 것이다. 부모에게 지능 계발의 교육은 쉬운 과업이 아니다. 지능은 상당 부분 타고난 능력에 속하기 때문에 지능의 계발은 전문적이고 체계적인 교육을 통해 진행되어야 하고, 큰 성과를 이루기도 쉽지 않다. 냉정한 부모는 자녀의 지능 계발에 올인하지 않는다. 이제 높은 지능이 탁월한 성취를 보장하지 않는다는 것을 알고 있기 때문이다.

자녀의 영재성 발견은 조기에 이루어질수록 좋다. 부모들은 자녀의 영재성을 가장 처음 확인할 수 있는 가장 좋은 위치에 있으며 또한 그럴 능력도 있다. 카프만(Kaufmann)과 섹스톤(Sexton)의 연구에 따르면, 영재라고 알려진 자녀 98명의 부모들 중 83%가 학령기 전에 자녀의 영재성을 인식하였다고 하고, 고겔(Gogel) 등의 연구에서도 영재 부모 1,039명 중 87%가 조기에 자녀의 영재성을 인지하였다고 보고하고 있다. 다음의 표는 부

모가 조기에 자녀의 영재성을 검사하는 데 편리하게 사용할 수 있는 평정척으로, 4~5점대의 평정이 많으면 자녀의 영재적 잠재성은 긍정적이라고 볼 수 있다. 물론 이 평정척은 모든 재능의 분야를 평정하는 척도는 아니며 하나의 예에 속한다고 볼 수 있고, 평가자에 따라 차이가 있음을 유의해야 한다.

〈표〉 자녀의 영재적 잠재성 평정척

문항	5	4	3	2	1
1. 또래들보다 사용하는 어휘 수준이 발달해 있고, 언어적 표현력이 좋다.					
2. 빠르게 사고한다.					
3. 사실적 정보들을 쉽게 기억해 낸다.					
4. 사물들이 어떻게 작동하는지 알고 싶어 한다.					
5. 유치원에 들어가기 전에 글을 읽었다.					
6. 상관없어 보이는 아이디어들을 새롭고 상이한 방식으로 함께 연계한다.					
7. 원하지 않는 일에는 쉽게 지루함을 느끼곤 한다.					
8. 거의 모든 것에 대해 '왜?'라는 질문을 한다.					
9. 자기보다 연상인 아이들과 잘 어울린다.					
10. 호기심이 많다.					
11. 모험심이 강하다.					
12. 또래에 비해 유머 감각이 많다.					
13. 생각해 보기도 전에 행동하는 충동성이 있다.					

14. 기회가 주어지면 다른 사람들을 리드하려고 한다.				
15. 과제에 임하면 끈질기게 매달리는 편이다.				
16. 신체 협응 능력과 조정력이 좋다.				
17. 자신을 돌보는 데 있어 자주적이고 자기충족적이다.				
18. 자신의 주변 상황에서 이루어지고 있는 일들을 인지하고 있다.				
19. 주의 집중 시간이 길다.				
20. 어려서부터 자기가 주도해서 하려고 한다(예: 옷 입기, 밥 먹기 등).				

5: 매우 그렇다, 4: 그렇다, 3: 보통이다, 2: 그렇지 않다, 1: 전혀 그렇지 않다
출처: Davis & Rimm (2004). p. 110.

앞의 평정척 이외에 어떻게 자녀의 재능을 발견할 수 있을까? 쉽게는 일상의 가정생활 속에서 자녀가 보이는 영재성의 여러 징후를 자연스럽게 발견할 수 있을 것이다. 가장 실용적이고 효과적인 영재성 발견의 방법은 자녀가 어느 영역에 강한 집중력을 보이며 흥미와 즐거움을 느끼는지 관찰하는 것이다. 블룸은 음악, 미술, 수영, 테니스, 수학, 과학 영역에서 40세 이전에 탁월한 성취를 이룬 120명의 영재 및 그 부모들을 면접하였다. 그 결과, 대부분의 영재는 흥미를 갖고 있는 분야에서는 공통적으로 '빨리 배우고 잘 배우는' 특징을 보였다. 또한 그 능력은 부분적으로 타고난 측면이 있으나 대부분 어린 시절 가정

냉정한 부모의 자녀교육법 자녀의 재능 계발을 위한 열 가지 교육 지침

의 학습 경험에 기반을 두고 있었다.

중요한 것은 '빨리 배우고 잘 배우는' 영재들의 능력은 어떤 특정 재능 영역에서는 유효하지만 다른 재능 영역에까지 일반화되어 나타나지 않는다는 점이다. 이러한 이유는 탁월한 성취를 내는 데 필요한 능력이 재능 영역별로 서로 다르기 때문이다. 가령, 미술 분야의 경우 형태, 선, 색깔, 질감(texture)에 대한 민감성이 필요하며, 체육 분야에서는 운동 협응(motor coordination), 눈과 손의 협응(hand-eye coordination), 신체 지구력 등이 필요하다. 이처럼 재능 영역별로 요구되는 되는 능력은 서로 다르다. 물론 해당 분야의 지능이 높은 자녀들은 더 쉽게 적응하는 반응이 있을 것이다. 하지만 앞서 강조한 바와 같이, 지능이 높은 사람은 해당 활동에 쉽게 적응할 수 있는 잠재성이 크다고 할 수 있겠지만 반드시 재능이 뛰어난 사람으로 연결되지 않는다는 점을 염두에 두어야 한다. 핵심은 자녀가 흥미를 갖는 영역에서 더 큰 성취를 이룬다는 점이다. 그렇기 때문에 자녀의 흥미를 점검하기 위한 초기의 여러 경험이 병행되면 될수록 좋을 것이다.

전통적 교육에서 아동의 흥미는 일시적이고 변덕스러운 것으로서 믿지 못할 것이고 무시해야 할 것으로 간주되었으나, 현대 교육에서 흥미는 능력 못지않게 학업 성취에 중요한 영향을

미치는 요인으로 간주되고 있다. 교육학자 쉬펠(Schiefele) 등에 따르면, 지난 25년간 18개국 121개의 흥미에 관한 연구를 검토한 결과, 수학, 과학, 사회, 외국어, 문학 등 교과에 관한 흥미도와 학업 성취 간에는 유의미한 상관관계가 나타났다. 이러한 결과

냉정한 부모의 자녀교육법 자녀의 재능 계발을 위한 열 가지 교육 지침

는 흥미가 지능 못지않게 학업 성취에도 영향을 준다는 것을 시사한다.

학습 주제면에서도 유사한 연구 결과가 나타났다. 언어학자이자 심리학자인 제임스 애쉬(James Asher) 등의 연구에 따르면, 학생들은 흥미를 가지고 있는 주제에서는 그렇지 않은 주제보다 정보를 더 깊게 처리하는 것으로 나타났다. 눈에 띄는 것은 흥미도와 사고 수준의 관계이다. 높은 흥미도 집단과 낮은 흥미도 집단은 사실적 지식과 같은 피상적인 수준의 질문에서는 정보 처리의 깊이에서 큰 차이를 보이지 않았으나, 정보를 통합하거나 새로운 상황에 적용하는 심층적 수준의 질문에서는 흥미도가 높은 집단이 훨씬 더 우수한 성적을 올렸다. 흥미가 정보를 깊게 처리하도록 하고 교과의 학업 성취를 높이는 까닭은 흥미가 가지고 있는 강력한 학습 동기 때문이다. 학습 동기는 학업 성취를 높일 뿐만 아니라 집중력도 높인다. 따라서 학습 동기가 어떤 기반을 가지고 나타나는지 확인해 보는 것은 자녀의 흥미 파악에 도움이 될 것이다. 대체로 학습 동기는 다음과 같은 세 종류의 기반을 가지고 나타난다.

첫째, 흥미에 기반한 학습 동기로서, 자신이 배우고 있는 것을 재미있고 가치롭다고 생각할 때 발생한다. 흥미와 학업 성취의 상관관계가 높다는 것은 흥미와 학습 동기의 상관관계가 높다는 것을 의미한다.

둘째, 자기 효능감에 기반한 학습 동기로서, 자신이 잘 학습할 수 있을 것이라는 지각을 형성할 때 발생한다. 예를 들어, 학습 과제를 해결할 자신의 능력에 대해 자신감을 가질 때 학습 동기가 발생한다.

셋째, 귀인에 기반한 동기이다. 귀인이란 특정한 결과가 나타났을 때, 예를 들어 학습자가 학교에서 성공을 했든 실패를 했든 간에 어떤 결과가 나타났을 때, 그에 관한 원인을 무엇으로 보아야 하는가의 문제이다. 귀인에 기반한 동기란 자신이 노력을 하면 보답을 받을 것이라고 믿을 때 발생하는 학습 동기이다. 더 구체적으로 성공과 실패의 원인을 자신의 노력이라고 생각할 때 학습 동기가 발생한다.

흥미는 동기를 유발하는 앞의 세 요인 중의 하나이며, 학업 성취를 높이는 중요한 요인이다. 이런 맥락에서 학습 동기가 나타나는 원리를 아는 냉정한 부모는 항상, 그리고 무조건적인 노력을 강요하기보다는 흥미를 자극하여 자발적으로 자신의 재능 영역을 탐구하도록 유도할 것이다. 흥미를 자극하는 방법은 흥미에 대한 자녀의 반응을 관찰할 수 있는 기회를 갖게 만드는 전략이다. 자녀가 좋은 반응을 보이면, 계속해서 흥미를 자극하여 자녀의 주의 집중을 증진하고 나아가 능동적인 참여가 가능하

도록 유도할 수 있을 것이다. 이와 관련하여 미국의 철학자이며
사회학·교육학·미학 등에도 커다란 영향을 미친 존 듀이(John
Dewey)가 『교육에서의 흥미와 노력』이라는 책에서 주장하는 다
음의 내용은 눈여겨볼 만하다.

지성과 훈육 분야에서 강압적인 학습 방법이 진심으로 학습에 임할 때보다 더 효과가 있다고 주장한다면 이는 터무니없는 것이다.

노력을 기반으로 한 학교 교육은 학생이 마지못해 학습하도록 하는 것이고, 즉흥적 의미의 활력을 쥐어 짜내는 것이기 때문에 둔감하고 기계적으로 복주의한 인성만 육성한다.

노력과 흥미에 대한 논란은 중요한 교육적 시사를 던져 주고 있다. 의무 교육 정책은 학생들의 학교생활을 흥미롭고 재미있는 경험이 되도록 만드는 능력과 함께 부침을 거듭해 왔다. 내게는 의무 교육이라는 것이 없다. 학교는 의무적으로 등교하도록 만들 수는 있으나, 교육은 학생들이 학교 활동에 즐거운 마음으로 참여할 때만 진정으로 존재한다.

앞서 논의된 바와 같이, 영재교육은 흥미에 특별한 의미를
부여하고 있다. 영재들은 대체로 어떤 영역에 능력을 가지고
있으면 그 영역에 높은 흥미를 보이는 경향이 있고, 높은 능력
과 흥미가 서로 상승효과를 내어 탁월한 성취를 이루는 역할

을 하는 것으로 나타났다. 이런 까닭에 냉정한 부모는 조급함과 불안감을 떨쳐버리고, 자녀의 흥미 분야를 면밀히 관찰하고 시간을 주어 그 분야를 꾸준히 탐구할 수 있는 기회를 제공해 주어야 한다. 조급함과 불안감이 자녀교육을 망치고 행복을 망친다. 또한 어느 분야의 책을 좋아하는지, 좋아하는 놀이가 어떤 분야의 능력을 요구하는지, '왜'라는 질문을 많이 하는 내용은 어떤 분야에 속하는지, 정신을 집중해서 하는 활동은 어느 분야인지 등을 면밀하게 살펴보는 것이 좋다. 다음의 표는 ICA(Inventory of Children's Activities)라는 흥미 활동 분야를 검사하는 도구이며, 표 다음에 평정의 기준도 제시하였다. 이 검사지를 통해 자녀의 흥미가 어느 정도인지 가늠해 볼 수 있을 것이다.

〈표〉 ICA 검사 도구

문항	매우 그렇다 (5점)	조금 그렇다 (4점)	보통 이다 (3점)	조금 그렇지 않다 (2점)	전혀 그렇지 않다 (1점)
1. 블록 쌓기나 조립하기를 좋아한다.					
2. 동물들 연구하기를 좋아한다.					
3. 그림 그리기를 좋아한다.					
4. 새로운 사람들 만나기를 좋아한다.					
5. 다른 사람들에게 물건 팔기를 좋아한다.					

냉정한 부모의 자녀교육법 자녀의 재능 계발을 위한 열 가지 교육 지침

6. 숫자 더하기를 좋아한다.					
7. 망치로 못 박는 것을 좋아한다.					
8. 자연에 관하여 공부하기를 좋아한다.					
9. 음악 듣기를 좋아한다.					
10. 다른 사람들에게 새로운 게임 가르치는 것을 좋아한다.					
11. 집단의 리더가 되기를 좋아한다.					
12. 물건 정리하는 것을 좋아한다.					
13. 컴퓨터 게임을 좋아한다.					
14. 과학 전시회를 좋아한다.					
15. 이야기 만들기를 좋아한다.					
16. 다른 사람을 돕는 것을 좋아한다.					
17. 다른 사람들에게 무엇을 해야 할지에 관해 말해 주기를 좋아한다.					
18. 물건들을 세거나 분류하기를 좋아한다.					
19. 장난감 고치기를 좋아한다.					
20. 현미경으로 관찰하는 것을 좋아한다.					
21. 찰흙이나 밀가루로 모양 만들기를 좋아한다.					
22. 아픈 사람 돌보기를 좋아한다.					
23. 우두머리가 되기를 좋아한다.					
24. 도표나 그래프를 좋아한다.					

25. 망가진 것을 고치기를 좋아한다.					
26. 물건들을 섞어 어떤 일이 발생하는지 살펴보기를 좋아한다.					
27. 만화 그리기를 좋아한다.					
28. 사람들에게 스포츠 가르치는 것을 좋아한다.					
29. 부모님을 설득해서 원하는 것을 얻는 것을 좋아한다.					
30. 자신의 방 청소하기를 좋아한다.					

〈평정 방식〉

- 공학형 흥미: 문항 1, 7, 13, 19, 25의 점수의 합이 높음(예: 20점 이상)
- 탐구형 흥미: 문항 2, 8, 14, 20, 26의 점수의 합이 높음(예: 20점 이상)
- 예술형 흥미: 문항 3, 9, 15, 21, 27의 점수의 합이 높음(예: 20점 이상)
- 사회형 흥미: 문항 4, 10, 16, 22, 28의 점수의 합이 높음(예: 20점 이상)
- 사업형 흥미: 문항 5, 11, 17, 23, 29의 점수의 합이 높음(예: 20점 이상)
- 관리형 흥미: 문항 6, 12, 18, 24, 30의 점수의 합이 높음(예: 20점 이상)

냉정한 부모의 자녀교육법 자녀의 재능 계발을 위한 열 가지 교육 지침

"

공통적으로 영재들은 흥미를 갖고 있는 분야에서
'빨리 배우고 잘 배우는(learn rapidly and well)' 특징이 있다.

"

3.

재능 발달을 촉진하는 환경을 꾸민다

투박한 항아리 속에도 귀한 술이 들어 있다.
-『탈무드(Talmud)』-

자녀의 흥미 영역을 발견하려는 노력과 함께 재능 발달을 도울 수 있는 학습 환경을 마련해 주는 일도 부모의 중요한 역할이다. 인간의 모든 행동은 환경과 개인적 특징(지능, 성격, 학습 양식 등)이 상호 작용하여 나타난 결과이기 때문이다. 자녀의 학습도 환경적 요인들에 의해 크게 영향을 받는다면, 부모가 마음을 써야 할 일은 자녀 스스로의 힘으로는 통제하기 어려운 환경적 요인들을 잘 정립해 주는 일이다. 블룸은 탁월한 성취를 올린 영재들의 가정 환경을 연구한 후, "핵심은 환경이었다."라고 결론지었다. 왜냐하면 영재들의 부모들은 한결같이 자신들의 시간, 자원, 에너지를 투자하여 자녀의 재능 발달에 도움이 되는 최선의 학습 환경을 만들어 주려 노력하였기

"핵심은 환경이었다."

블룸(Bloom)

때문이다.

　잠재성의 계발이라는 측면에서도 환경은 중요하다. 이 책에서 꾸준히 강조하는 것 중의 하나는, 모든 자녀가 재능을 지니고 있다는 점에서 모든 자녀는 영재라는 점이다. 하지만 재능을 가진 모든 자녀가 성인 영재로 성장하는 것은 아니다. '모든 자녀가 영재'라는 의미에서의 영재는 잠재적 영재이다. 잠재적 영재는 자신의 잠재성이 실현되어 성인 영재로 나아갈 때 의미가 있다. '모든 자녀가 잠재적 영재'라면 부모는 자녀의 잠재성이 발현되도록 안내하고 세심한 교육적 배려를 해야 한다. 그렇다면 부모는 무엇을 도와야 할까? 냉정한 부모가 자녀의 잠재적 재능이 실현되도록 도울 수 있는 가장 큰 노력은 자녀에게 적절한 환경을 마련해 주는 일이다. 부모는 어떤 환경에 우선적으로 관심을 가져야 하는가? 자녀에게 필요한 학습 환경은 크게 보아 물리적 환경과 심리적·사회적 환경으로 구분된다. 먼저, 물리적인 환경에 속하는 공부방 꾸미기와 관련된 내용을 살펴보자.

공부방은 자녀의 재능 발달을 위해 중요한 물리적 환경이기 때문에 집중해서 공부할 수 있는 공간으로 만들어 줘야 한다. 공부는 전적으로 공부에만 사용되는 환경이 마련되어 있을 때 효과적이다. 공부방은 집 안에서 조용하고 빛이 잘 드는 곳을 선택하여 편안하고 안전하게 꾸미고, 적절한 장소가 없으면 집 안의 어느 장소를 가능한 한 그런 환경에 가깝도록 만들면 좋을 것이다. 공부방이 정해지면 학습과 환경을 조건화하는 것이 필요하다. 예를 들면, 공부는 집안의 거실이나 식탁 또는 침대에서 하지 않고 공부방의 책상에서 하도록 습관화시켜야 한다.

책상에서 공부하는 습관이 보기 좋기 때문만은 아니다. 책상에서 공부하는 습관화 교육은 그것이 꾸준히 실천될 때, 책상이 공부하는 일과 조건화되기 때문이다. 책상에서 낮잠을 자거나 공상을 하면 책상은 낮잠이나 공상을 하도록 하는 단서로서의 역할을 하며, 책상에서 공부를 하면 책상은 공부하도록 하는 단서로서의 역할을 한다. 침대도 마찬가지이다. 침대는 이미 잠과 조건화되어 있기 때문에 침대에서 공부를 하면 쉽게 잠이 들고 만다. 책상이 잠이나 공상과 조건화되지 않으려면, 졸릴 때나 공상에 빠질 때는 책상에서 벗어나야 한다. 거실, 식탁, 침대는 그것들의 목적에 맞게 이미 조건화되어 있기 때문에 집중력을 방해하는 요인이 되고 공부에 효과적이지 못하다. 적절하지 못한 장소에서 공부를 하면 잘못된 조건화가 형성되도록 환경을 조성하는 것이나 마찬가지이다. 후일 잘못된 조건화의 연합을 깨뜨리려면 많은 시간과 노력을 재투자하여야 한다. 사소한 것으로 생각되는 물리적인 환경도 이처럼 행동성향을 만들 만큼 아주 중요한 요소이다. 다음은 공부방을 꾸밀 때 고려하면 좋을 TIP이다. 공부방의 가구나 사물은 다음의 여덟 가지를 고려하여 구비하면 도움이 될 것이다.

첫째, 책걸상은 창가 옆 자연의 밝은 빛이 들어오는 곳에 배치하되 책상의 방향은 벽 쪽이 아니라 방의 중앙을 향하도록

냉정한 부모의 자녀교육법 자녀의 재능 계발을 위한 열 가지 교육 지침

하는 것이 좋다. 대부분의 공부방을 들여다보면 학생들이 벽 쪽을 보고 앉아 있다. 방문을 열게 되면 자연히 학생의 등을 보게 된다. 이런 방식의 책상 배치는 학생의 공부 분위기를 폐쇄적인 것으로 만들기 쉽다. 학생의 입장에서는 문을 열고 자신을 들여다보는 부모가 자신의 등 뒤에서 뭔가 감시한다는 느낌이 들 수도 있다. 그러므로 학생은 벽을 등지고 방의 중심을 향해 앉아 공부방의 주체로서 방문을 열고 바라보는 부모의 시선과 당당하고 자신 있게 맞닿아 있어야 한다. 경영자나 지도자의 방을 보면 쉽게 비교가 된다. 경영자나 지도자가 벽을 향해 앉아 일을 하고 있다면 우리는 뭔가 이상하다는 느낌을 받을 것이다. 마찬가지로 공부방은 주인인 학생이 주체적인 모습으로 공부할 수 있도록 그에 적합한 책상 위치를 정해 주는 것이 중요하다.

둘째, 청각적·시각적 방해 요인들을 최소화한다. 공부 중에는 음악을 듣지 않고, SNS 사용과 인터넷 서핑도 정해진 시간에만 하도록 하는 것이 좋다. 인간의 두뇌는 두 가지 이상의 정보를 동시에 처리하기 어렵다. 잔잔한 음악 정도로는 공부에 방해를 받지 않는 학생에게는 음악이 외부의 소음을 차단하는 효과가 있을 수도 있지만 그런 경우에는 현명한 음량 조절이 필요하다.

셋째, 전등은 방을 밝히는 등 이외에 책상 위에 또 하나의 책상 등을 갖는 것이 좋다. 책상에 또 하나의 등이 필요한 것은 공부에 대한 집중력을 높일 수 있기 때문이다. 등에서 나오는 불빛도 다 좋은 빛은 아니다. 좋은 빛은 학습에 좋은 영향을 끼치지만 나쁜 빛은 눈에 긴장감을 주고 두통, 졸음을 야기하여 집중을 어렵게 한다. 빛이 골고루 퍼지면 좋은 빛에 속한다.

넷째, 공부방의 의자는 뒤가 곧고 아래는 편안하며 쿠션이 있는 것이 좋다. 흔히 편안하고 쿠션이 있는 의자에서 공부하면 쉽게 졸음이 올 것이라는 염려가 있으나, 연구에 따르면 이것은 사실이 아닌 것으로 밝혀졌다. 오히려 졸음을 오게 만드는 것은 공부 방법, 태도, 자기 훈육, 빛, 공부방의 온도, 그리고 전날의 수면 상태와 관련이 있다.

다섯째, 독서대를 사용한다. 독서대를 사용하면 마치 학자가 되는 것 같은 느낌을 주어 공부에 임하는 마음의 준비를 긍정적으로 끌어올려 준다. 책을 읽기 좋게 비스듬히 놓을 수 있고 손으로 붙잡지 않아도 책 페이지들을 고정할 수 있으며 자유롭게 노트를 하는 등 여러 학습 활동을 할 수 있다. 팔짱을 끼고 읽은 내용에 대해 깊이 생각해 볼 수 있는 여유도 가질 수 있다.

여섯째, 공부방에 다양한 책을 준비한다. 탁월한 업적을 남긴 저명인사들에 관한 연구에서는, 그들의 어린 시절 가정에는

냉정한 부모의 자녀교육법 자녀의 재능 계발을 위한 열 가지 교육 지침

책이 많이 있었고 그들이 교육적으로 매우 자극적인 환경 속에서 자랐다는 것을 밝히고 있다. 영재들의 강한 지적 호기심은 이런 촉진적 환경 속에서 더 만족될 수 있기 때문에, 부모는 자녀의 흥미 분야를 파악한 후에 자녀가 그 분야를 꾸준히 탐구할 수 있도록 책이나 전문잡지, 각종 교육 용품 등과 같은 물리적 환경을 마련해 주면 좋다. 하지만 가정의 물리적 환경은 제한적일 수밖에 없기 때문에, 가정의 사정에 따라 지역 도서관, 박물관, 연구소 등 관련 기관들을 자주 방문할 기회를 갖는 것도 좋은 방법이다.

일곱째, 공부방에 여러 학습 도구를 준비한다. 사전, 계산기, 시계, 달력, 종이, 클립, 공책, 고무 밴드, 연필, 펜, 지우개, 색인 카드 등을 잘 정돈하고 접근성이 좋은 곳에 배치하여 필요할 때 쉽게 찾도록 한다. 공부방에 여러 학습 도구를 잘 정리해 놓으면 필요할 때 여기저기 찾아다니며 낭비하는 시간을 줄일 수 있다.

여덟째, 공부할 때는 TV를 멀리한다. TV는 공부의 집중력을 방해하는 요인이다. 학생이 TV 보기를 원하는 경우, 응접실에서 앉아서 보도록 하며 제한적으로 허용해야 한다. 교육 심리학자 힐리(Healy)의 연구에 따르면, TV 보기는 기본적으로 수동적인 활동이기 때문에 사람을 무기력하게 만들고 중독을 일으

키며, 듣기, 문제해결 능력, 집중력 등과 같은 지적 능력을 떨어뜨린다고 한다. 흔히 TV를 많이 보면 머리가 나빠진다는 말들을 많이 하는데, 이는 근거 있는 주장인 셈이다. 특히 뇌 발달의 결정적 시기에 속하는 유아기에는 TV 시청에 부모의 각별한 주의가 필요하다. 아이가 칭얼댈 때마다 TV를 켜 주는 부모도 있다. 이런 경우에는 아예 TV를 치워 버리고 부모도 TV를 보지 않는 것도 하나의 대안이다. 다행히 영재들은 단순하고 표준화된 포맷을 가진 프로그램(예: 단순한 폭력물)보다는 좀 더 복잡하고 지적인 프로그램을 더 좋아하는 경향이 있다. 아무튼 TV 시청이 불가피하다면 프로그램의 선별과 시청 시간의 측면에서 통제할 필요가 있다.

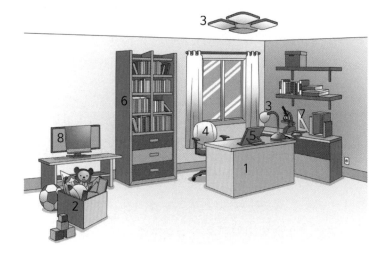

냉정한 부모의 자녀교육법 자녀의 재능 계발을 위한 열 가지 교육 지침

다음으로 두 번째 환경인 심리적·사회적 환경을 살펴보자. 재능교육에서 심리적·사회적 환경은 물리적 환경보다 더 비중이 클 뿐만 아니라 장기간의 관심이 필요한 영역이다. 잠재적 영재에게 가장 우선하는 심리적·사회적 환경은 가정과 부모이다. 물론 재능 활동 영역에 따라 전문가인 멘토가 중요한 심리적·사회적 환경이 될 수도 있다. 하지만 어떤 경우에도 자녀에게 가장 영향력을 미치는 심리적·사회적 환경은 부모이다. 무엇보다 부모는 자녀의 활동 영역 내에서 가장 두드러진 재능을 찾아낼 수 있고 찾아내어야 할 가장 중요한 환경이다. 나아가 자녀의 원활한 재능 발달을 위하여 적절하게 안내하고 교육적으로 배려를 해야 하는 환경이다. 그렇다면 가장 중요한 심리적·사회적 환경인 부모는 자녀의 재능 발달에 어떤 방식으로 도움을 줄 수 있을까?

첫째, 자녀가 자기주도적으로 학습하고 탐구할 수 있는 환경을 만들어 준다. 자녀의 자기주도적 활동을 위한 부모의 역할은 안내자로서 지원하거나 협력학습자로서 함께 활동하는 방식이 좋다. 이런 활동을 위해서는 진정으로 냉정한 부모가 되어야 한다. 많은 부모가 의욕과 감정이 앞서 부모가 앞장서는 환경을 만드는 경우가 많다. 남의 자식에 대해서는 냉정해지라고 충고하면서 자기 자식에 대해서는 감정이 앞서고 급기야는 자녀와 다툼이 생기는 일이 다반사이다. 이는 자기 자식이 높은 수준에 빨리 도달하기를 원하는 기대가 크기 때문이다. 그러한 환경에서는 자녀의 자기주도적 활동은 위축될 수밖에 없다. 너무 의욕이 앞선 나머지 자녀에게 과중한 학습을 부과하여 실패한 사례들은 한 자녀 엄마나 첫째 아이를 가진 엄마들에게서 자주 목격된다. 냉정한 부모는 자녀가 자신의 속도로 나아갈 수 있도록 가이드의 역할을 하면서, 부모가 원하는 양의 지식을 자녀에게 성취시키려는 욕심을 부리지 않는다. 영재성 연구학자 고겔 등도 영재 자녀를 둔 1,000 가족을 연구한 후, 부모가 자녀의 안내자, 협력학습자로서 상호 작용하는 교육 방식이 가장 성공적인 패턴임을 보고하고 있다.

둘째, 자녀에게 필요한 멘토를 연계시켜 준다. 멘토는 어느 단계에서는, 특히 탁월한 성취를 위해서 매우 중요한 심리적 · 사회적 환경이다. 어떤 자녀도 홀로 원하는 영역에서 높은 수준의 성취에 도달할 수 없기 때문이다. 특히 부모의 역할이 제한적인 특정한 영역의 영재 발달 과정에서는 멘토의 역할이 자녀의 발달 과정에 결정적일 수밖에 없다. 블룸에 따르면, 자녀가 어떤 재능 영역에서 탁월한 성취를 올리기까지는 점진적으로 복잡해지고 어려워지는 학습 과정 속에서 진보하고 성취해야 할 것들이 많다. 이를 위해서는 10년 이상의 헌신이 필요하

냉정한 부모의 자녀교육법 자녀의 재능 계발을 위한 열 가지 교육 지침

고, 이 과정에서 멘토의 역할이 필요하다.

멘토(mentor)라는 말은, 그리스 신화에서 오디세우스가 트로이 전쟁에 나가면서 연장자인 멘토르에게 자신의 집안일과 자식 교육을 맡긴 데에서 유래하여 지금은 현명한 조언자와 스승을 의미하는 말로 사용되고 있다. 영재교육학자들은 자녀의 재능 발달을 촉진하는 심리적·사회적 환경을 제공하는 방법 중의 하나로, 한결같이 아동의 재능과 같은 영역에서 뛰어난 성취를 올린 인물을 멘토로 삼게 하는 것을 추천하고 있다. 노벨상 수상자들을 연구한 주커만(Zuckerman)도 이를 뒷받침할 만한 연구보고서를 내놓고 있다. 그의 연구에 의하면, 컬럼비아,

하버드, 존스 홉킨스, 프린스턴, 유시 버클리라는 5개 명문 대학이 과학 분야에서 미국 노벨상 수상자의 절반 이상을 배출하였고, 그들은 적어도 한 명 이상의 노벨상 수상자를 멘토로 두고 있었다. 멘토는 뛰어난 성취를 올린 사람들에게 주목할 만한 환경이었다.

그렇다면 모든 부모는 자녀의 탁월한 성취를 위해 반드시 그 영역의 훌륭한 멘토를 연계해 주어야 하는가? 냉정한 부모의 판단이 필요하다. 먼저, 훌륭한 멘토가 필요한 영역인지 면밀한 검토를 거쳐야 한다. 그러한 과정이 없다면, 즉 영재교육의 연구물에서 나온 사례들을 비판 없이 따르다가는 실패한 영재교육을 만나게 될 가능성이 크다. 그와 같은 시행착오를 줄이기 위해서, 다음에서는 어떤 활동 영역에서 멘토가 필요한지, 필요하다면 어떤 계획과 진행이 필요한지를 여러 연구를 종합하여 제시하고자 한다. 냉정한 부모는 다음의 연구 내용물 속에서 자신의 자녀에게 중첩되거나 참고할 만한 부분을 찾아내고, 무조건 따르려고 하기보다는 그것들을 자신의 가정 환경에 적합하도록 적용하거나 재구성할 것이다. 학자들의 연구 결과를 당위로 받아들이기보다 판단의 근거로 사용할 때, 또한 치맛바람 강한 특별한 부모들의 특별교육으로 나아가지 않도록 경계할 수 있을 때 비로소 냉정한 부모가 될 수 있을 것이다.

여러 연구에 의하면, 영재들은 멘토를 잘 따르고 잘 배우는 특성이 있다. 영재들은 멘토들과 함께 중요한 문제해결에 도전하고, 우아한 해결책을 감상하며, 높은 수준의 수행을 유지하기 위해 열심히 공부하는 것으로 보고되고 있다. 영재교육학자 벡(Beck)은 '멘토를 통한 진로 프로그램'이라는 연구에서, 영재들은 멘토를 통해서 그가 보여 주는 삶의 양식과 인성적 특성을 지켜볼 수 있을 뿐만 아니라 미래의 직업에 미리 접촉할 수 있게 되고, 직업이 포함하고 있는 현실적인 아이디어를 습득할 수 있는 기회를 얻는다고 말한다.

물론 해당 재능 분야의 저명한 인사들만이 멘토가 되어야 하는 것은 아니다. 자녀의 재능 발달 수준에 따라 교사와 부모도 멘토의 역할을 할 수 있다. 멘토의 기본적인 역할은 자녀가 '보고 배우도록' 하려는 것이기 때문이다. 당연히 교사와 부모로부터 보고 배울 것이 많을 뿐만 아니라, 특히 부모는 일의 윤리와 삶의 비전을 제시하는 중요한 모범자 역할을 한다. 블룸은 뛰어난 성취를 보인 사람들의 재능 발달에 관한 상황을 조사한 결과, 그들은 공통적으로 열심히 일하는 부모들의 모습을 보고 일의 윤리를 배웠다고 말한다. 탁월한 업적으로 맥아더 상을 받은 인물들을 연구한 칵스(Cox) 등에 의하면 수상자들은 거의 예외 없이 자신들의 업적을 부모의 공으로 돌리며 부모들은 자신들의 훌륭한 멘토이었다고 밝히고 있다.

여러 연구의 결과에서 알 수 있듯이, 부모는 자녀에게 훌륭한 멘토이고 부모의 삶 자체가 자녀에게는 모범이며 재능 발달의 동기가 된다. 하지만 재능 발달의 어떤 부문에서는 부모의 역할이 한정적일 수밖에 없는 특정한 활동 영역이 있다. 음악, 미술, 체육, 수학, 과학과 같은 부문이 그러하다. 이들 영역의 어떤 부분은 부모나 학교의 교육 과정으로는 충족시킬 수 없는 활동이 들어 있다.

자녀에게 이와 같은 특별 활동 영역에 속하는 영재교육을 제

냉정한 부모의 자녀교육법 자녀의 재능 계발을 위한 열 가지 교육 지침

공해야 하는 경우라면 어떤 단계를 거쳐야 할까? 다음은 특정
한 영역에서 멘토가 필요할 경우에 거쳐야 할 단계별 교육에
관해 여러 연구에서 제시하고 있는 대안들이다. 다시 한번 강
조하지만, 특정한 영역의 영재 발달 부문은 부모라는 환경만으
로는 감당할 수 없는 활동들이다. 또한 다음의 대안들은 영재
교육에 관한 연구자들의 연구물이나 보고서에 기초하고 있기
때문에 일반화하기 어려운 부분이 많다는 점도 유의해야 한다.
그렇기 때문에 냉정한 부모는 다음의 단계별 교육에 포함된 내
용 그 자체보다 행간의 의미를 찾으려고 노력해야 할 것이다.

〈재능 발달 단계별 멘토의 역할〉
• 초기: 멘토로서의 부모, 첫 번째 교사
• 중기: 두 번째 교사
• 후기: 세 번째 교사(대가, 마스터 교사)

블룸은 음악, 미술, 체육, 수학, 과학 영역에서 탁월한 성취를
이룬 영재들이 성장해 온 과정을 연구하고, 재능 발달을 초기,
중기, 후기의 단계로 구분하였다. 그가 제시하는 각 단계별 멘
토의 역할을 살펴보자. 초기 재능 발달 단계는 5세 이전에 시작
된다. 이 시기에는 멘토로서의 부모 역할이 아주 중요하다. 재
능 발달의 관점에서, 부모는 정서적 유대감이 가장 강한 환경

이며, 이때의 부모는 부모로서뿐만 아니라 멘토로서의 환경이 될 필요가 있다. 이 시기의 부모들은 어떤 재능 영역의 가족 활동을 주도하면서, 자녀를 자연스럽게 이런 활동에 참여하게 하고 그 재능 영역의 학습에 입문하게 할 수 있다. 예를 들어, 음악을 선호하는 부모가 피아노 반주에 맞춰 노래하는 활동을 할 때 자녀가 흥미를 보이면, 부모는 짧은 곡을 연주해 보이거나 기본적인 손가락 움직임을 지도해 주는 방식이다. 미술을 선호하는 부모가 미술 전시회에 참관하는 활동을 할 때 자녀의 관심을 발견하면 크레파스, 스케치 패드, 수채화 물감 등을 사 주고 그리기의 기본 기능을 지도해 주는 것도 마찬가지 방식이다.

(단, 꼭 학부모가 '엄마'일 필요는 없다.)

냉정한 부모의 자녀교육법 자녀의 재능 계발을 위한 열 가지 교육 지침

이렇게 부모는 어떤 재능 영역에서 멘토가 될 수 있는 역량이 있다면, 가족과 함께하는 활동을 통해 자녀의 호기심과 흥미에 긍정적으로 반응하고, 관련 자료와 학습 기회를 제공하고, 그 재능 영역의 활동이 지닌 좋은 점들을 자유롭게 토론하며 자녀의 재능 발달의 멘토로서 중요한 역할을 하게 된다. 교육자 집안에서 교육자 자녀가 많이 나오고 음악가 집안에서 음악가 자녀가 많이 나오는 등 부모의 직업과 자녀의 직업이 일치하는 경우가 많은 것은 부모가 초기의 재능 발달 단계에서 알게 모르게 강한 환경으로서 작용했음을 나타내고 있는 예라고 보아야 한다. 그런 의미에서 '콩 심은 데 콩 나고 팥 심은 데 팥 난다.'라는 속담의 의미도 재능 발달의 연구와 크게 다르지 않다. 결국 블룸의 연구는 멘토로서의 부모라는 환경이 자녀의 재능 발달에 미치는 영향은 심대하다는 결론을 제시하고 있다.

초기 재능 발달 단계의 후반부에는 첫 번째 교사를 찾아 주는 것이 좋다. 여기서 의미하는 교사는 학교의 교사가 아니라 단순히 가르치는 사람을 지칭한다. 물론 앞에서 언급한 바와 같이 재능 발달의 초기부터 교사가 필요하다는 것은 음악, 미술, 체육, 수학, 과학 등과 같은 특정한 부문을 대상으로 하며, 일반적인 재능 발달의 모든 영역을 의미하는 것은 아니다. 예를 들어, 피겨 스케이팅과 같은 체육 영역, 기악과 같은 음악 영역, 로봇과 같은 과학 영역처럼 특별한 영재 발달 영역들은 가정교육만으로는 한계가 있다. 초기의 교사는 주변 사람들의 추천을 받아 인성을 갖추고 아이들과의 상호 작용에 능숙한 인물로 정한다. 이 시기는 해당 재능 영역의 기본적인 지식과 기능의 습득에 관심을 두어야 할 때이므로 교사의 전문성 수준은 우선적인 고려 사항이 아니다. 이 시기의 교사는 재능 영역에 관한 흥미와 포부를 진작하는 역할이면 충분하다. '처음 학습'을 즐겁고 보상적으로 만들고, 재미있는 활동을 통해 재능 영역에서의 기본 지식과 기능을 습득하게 하는 것이 주요 목표가 될 것이다. 부모는 처음 몇 번의 수업을 참관하여 적절한 교사를 선정했는지 확인하고, 교사의 전문성 수준과 인성적 측면을 점검한다. 교사가 만족스럽다면, 가족과 좋은 관계를 형성하고 자녀의 학습에 관해 주별 혹은 월별로 의사소통하고, 가정에서의 자녀 활동을 모니터하는 데 협조한다.

재능 발달 단계의 중기는 초등학교 저학년 시기에 해당한다. 재능 발달 초기의 교육이 놀이와 레크리에이션에 가까웠다면, 중기의 재능 발달 교육은 전문가의 체계적인 지도를 필요로 한다. 이 시기에는 전문가가 설정한 상당히 높은 표준을 달성하기 위해 많은 시간과 노력이 필요하고 장기간의 학습 활동에 참여해야 한다. 이 시기의 전문가는 두 번째 교사가 된다. 두 번째 교사는 해당 재능 영역에서 명성을 얻은 사람이며, 기능적 전문성, 지식, 그리고 해당 재능 분야에서 유명 인사들과 교분을 맺고 '인적 자원 네트워크'를 가진 사람이면 좋다. 두 번째 교사는 지도할 학생을 선택하는 데 사전 오디션이나 시험을 치르고, 학생의 관심과 흥미를 조사하는 등 최고의 잠재성을 지닌 학생들을 선발하는 데 많은 주의를 기울인다. 부모는 두 번째 교사에게 자녀의 재능 발달의 상당 부분을 의지하게 되는데, 두 번째 교사는 다음과 같이 자녀의 재능 발달에 큰 영향력을 미치기 때문이다.

두 번째 교사의 영향력

- 학생들에게 높은 수준의 정확성과 정교함의 능력을 기대하며, 많은 연습을 통해 비교적 짧은 시간에 많은 진보를 이루도록 요구한다.
- 학생에게 장기 목표와 단기 목표를 설정하도록 도움을 준다.
- 학생에게 해당 재능 영역에서의 삶의 의미와 목적에 관한 관점을 형성하도록 도움을 준다.
- 학생과 비슷한 흥미와 재능 영역에서 활동하고 있는 여러 또래를 소개해 주고, 동료이자 경쟁자로서의 자신의 위치를 파악하도록 도와준다.
- 학생이 경진 대회에 참여하도록 주선하여 해당 재능 영역에서의 정

체성 확립에 도움을 준다.

- 학생이 내적 동기에 의해 노력하고 학습 그 자체를 즐기도록 하여 자신의 발전에 대하여 스스로 비판하고 반성함으로써 추후 진보를 위한 피드백으로 사용하도록 돕는다.

중기 재능 발달 단계에서는 자녀의 재능 발달 수준이 부모의 수준을 넘게 된다. 초기 재능 발달 단계에서와는 달리 부모는 자녀에게 연습에 관한 충고 및 오류 교정 등의 도움을 제공하기도 어렵다. 자녀도 자신의 재능 영역에서 높은 수준의 지식과 기능을 마스터하고 다른 영재들과 심각한 경쟁을 해야 하는 위치에 처하게 된다. 그럼에도 불구하고 부모의 격려와 지원은 여전히 필요하고, 그 강도는 다음과 같이 심화된다.

- 자녀가 레슨을 할 준비가 되어 있는지 확인한다.
- 자녀가 연습과 활동을 잘하는지 정기적으로 철저히 점검한다.
- 자녀가 교사가 설정한 목표를 달성하기 위해 성실하게 최선을 다하는지 점검한다. 목표를 향한 자녀의 진보 상황을 차트화하거나 노트에 기록하고, 진보가 이루어지지 않을 때는 교사 및 자녀와 함께 그 원인과 해결책에 관해 의논

한다.

- 자녀의 수업 현장에 자주 참관하고, 관련 서적을 공부하여 그 재능 영역에서의 교수법과 전문적 기능에 관하여 정보를 수집한다.
- 교사와 함께 자녀의 진보에 관해 의견을 교환한다.
- 자녀의 연습이 중요함을 인정하고 가족의 스케줄로 인해 자녀의 연습이 지장받지 않도록 조정한다. 자녀의 재능 발달 관련 연습과 경진 대회 참여는 가정에서 최우선적인 일이 되어야 하며, 필요한 것들은 지원해 준다.
- 자녀가 레슨에 참여하도록 교통수단을 제공하고, 장비와 재료 구입비도 늘린다.
- 자녀가 연습을 게을리하거나 건너뛰거나 정해진 시간 전에 중지하지 않도록 지도한다.
- 자녀의 노력을 인정하고 칭찬하며 '성취 가치'를 강조한다. 최선을 다했는지 함께 그 과정을 점검하고 달래며 그 노력을 격려한다.
- 자녀의 재능 발달이 가족의 삶에서 중요한 부분이 되도록 하고 저녁 식사 중에도 자녀의 연습, 진보, 미래 경진 대회, 그 분야의 유명인들에 관해 토론을 한다.
- 일시에 탁월해질 수 없음을 이해하고 다른 영역의 학교 성

적이 보통 정도여도 재능 발달을 위한 '교환(trade-off)'으로 생각한다.

• 자녀의 재능 영역에 비슷한 흥미를 가지고 있는 다른 가족들과 긴밀한 유대를 형성하고 함께 재능 영역 관련 활동에도 참여한다.

자녀가 중기 재능 발달 단계에 들어오면 부모는 자녀의 재능 발달의 미래에 관해 고민을 하게 된다. 특히 중기 재능 발달 단계 중에서 경진 대회에 나가 상을 받게 되는 경우, 부모는 다음 단계로의 진입을 위한 갈등을 겪게 된다. 다음의 진보된 교육 단계는 더 많은 관심과 시간 및 자원의 투자가 요구되기 때문에 자녀의 잠재력에 관해 더 깊게 생각하게 된다. 지금까지의 지원 과정에서 자녀의 재능 발달을 가정사의 최우선적인 일로 결정한 것과 그에 따라 취해 왔던 여러 조치의 정당성에 관해서 의심이 들기도 한다. 자녀가 자신의 재능 분야에서 헌신함에 따라 다른 정규교육 과정을 통해 얻는 경험의 부족 등 여러 위험 요소도 염려가 된다. 하지만 대부분의 경우, 자녀가 상당한 수준의 성취를 이루는 증거들을 보이게 되면, 부모는 이런 걱정을 거두고 자녀를 후기 재능 발달 단계로 진입시킨다.

후기 재능 발달 단계에서는 세 번째 교사를 선택하게 된다.

냉정한 부모의 자녀교육법 자녀의 재능 계발을 위한 열 가지 교육 지침

세 번째 교사는 대가(大家) 또는 마스터 교사(master teacher)라고 할 만한 인물이다. 특정 재능 영역에서 대가들은 소수이기 때문에 전국 단위에서 찾게 된다. 대가들은 학생 선발에서 매우 조심스럽고, 최우수 학생을 선발하려고 하기 때문에 거장의 학생으로 들어가는 일은 쉽지 않다. 따라서 초기와 중기 재능 발달 단계에서 지도했던 교사들과 해당 재능 영역 전문가들의 추천과 지원이 필요하고, 학생의 입장에서는 면접, 오디션, 시험 등에 많은 노력과 시간을 들여야 한다. 대가의 학생으로 받아들여지면, 해당 재능 영역에서 최고 수준으로 성장할 수 있음을 기대하게 되기 때문이다.

대가 교수의 특징 다섯 가지

- 해당 재능 영역에서의 발전을 추구하며 산다는 것의 의미와 목적을 알도록 한다.
- 전문성을 가진 대화와 관찰을 통해 제자들에게 자신만의 스타일과 수행 영역을 찾도록 한다.
- 점점 더 강한 레슨과 연습을 요구하고 수행 과정에서 나타나는 결점을 지적하여 극복하도록 한다.
- 최고 수준의 경지에 이르도록 노력하고 삶의 거의 모든 시간을 투자하여 다른 사람들은 상상하기 어려운 훈련의 과정에 들어가도록 한

다. 예를 들어, 수영 분야에서 올림픽 금메달을 따는 선수들은 이전의 세계 기록을 갱신하도록 요구받고 그에 따라 훈련을 한다. 수학의 대가 밑에서 공부하는 학생은 이전에는 대면해 보지도 못했던 새로운 문제들을 해결하도록 요구받는다.

• 프로젝트 과제를 부여하고 성취 여부를 평가한다.

후기 재능 발달 단계에서는, 자녀의 재능 발달에 대한 부모의 직접적인 영향력은 더욱 약화되고, 자녀의 재능 발달에 관한 안내와 보호 및 감독은 전적으로 마스터 교사에게 의존한다. 아울러 자녀의 재능 발달에 관한 책임과 동기 유발도 자녀 본인에게 맡긴다. 이제 자녀는 거장과 함께 목표를 설정하고 그 목표에 대한 진보를 기록하며, 스스로 피드백하고 스스로의 동기에 의지하면서 자신의 재능 발달에 헌신한다. 부모도 중기 재능 발달 단계에서 품었던 자녀의 전망에 대한 의심을 풀거나 줄인 상태에 이르게 되고, 자녀의 뒤에서 묵묵히 간접적인 지원을 하게 된다. 재정적인 지원뿐만 아니라 정서적으로 지원하고, 자녀가 난관에 부딪힐 때 쉴 수 있는 가정 환경을 만들어 준다. 자녀의 성공과 기쁨을 함께 공유하고 축하하는 동시에 자녀의 실패에 따른 정서에 공감하고 완화해 주는 역할을 한다.

지금까지 재능 발달을 위한 심리적 · 사회적 환경 요소로서

냉정한 부모의 자녀교육법 자녀의 재능 계발을 위한 열 가지 교육 지침

의 부모와 멘토의 역할에 관하여 살펴보았다. 자녀가 세 번째 교사의 지도 아래 상당한 성취를 이루는 단계에 이르렀다면, 마지막으로 여러 공적 행사에 참여하여 자신의 재능을 평가받게 되는데, 이것도 심리적·사회적 환경에 속한다. 공적 행사(리사이틀, 콘서트, 경진 대회, 학술세미나 등)에 참여하는 것은 자신의 재능을 다른 참가자들과 비교하고, 그들과 상호 친분을 맺고 행사 참여 준비와 결과를 통해 피드백을 받고, 최고 수준의 재능을 발달시키는 동기부여로 작용할 수 있다. 그렇기 때문에 후기 재능 발달 수준에서 점점 더 중요해지는 것은 대가의 지도 아래 경진 대회에 참여하여 좋은 성취를 얻는 것이다. 여성으로서 탁월한 성취를 올린 사람들을 연구한 림(Rimm) 등에 따르면, 탁월한 성취를 한 그들에게 어린 시절 경진 대회에서 상을 받았던 것은 그들을 현재의 위치에 오르게 한 긍정적인 경험 중의 하나였다고 밝히고 있다. 경진 대회는 해당 재능 영역에서 최고 수준의 기능을 가늠해 볼 수 있는 기회를 제공하기 때문에 경진 대회 참여는 재능 발달에 크게 기여한다. 아울러 해당 영역의 활동 속에서 탐구하는 능력, 비판적 사고 능력, 의사소통 능력, 일을 계획하고 조직하는 능력을 포함하여 해당 분야에서 최고 수준인 사람들과 만나 상호 작용하는 사회적 능력과 리더십을 기를 수 있다.

"

부모는 자녀에게 가장 우선하는 심리적 · 사회적 환경이다.

"

4.

높은 성취 기대 수준을 갖는다

오랫동안 꿈을 그리는 사람은 그 꿈을 닮아 간다.

−앙드레 말로(Andre Malraux)−

자녀에 관한 기대 수준과 재능 발달은 상관관계가 높은 것으로 알려져 있다. 이와 관련하여 먼저 자성예언 (self−fulfilling prophecy) 이론을 살펴보자. 자성예언이란 자신에 관한 다른 사람의 기대가 자신의 수행 결과에 영향을 미친다는 이론이다. 예를 들어, '지능이 높으면 학업 성취도가 높다.'라는 정보를 갖고 있는 교사가 '특정 학생의 지능이 높다.'라고 믿게 되면 실제로 그 학생의 성취도가 높게 나타난다는 것이다. 재미있는 것은 그 학생의 지능이 교사가 알고 있는 것만큼 높지 않아도 자성예언이 성립한다는 사실이다. 자성예언이란 마치 안톤 체홉의 명언 "인간은 스스로 믿는 대로 된다."와 같은 현상을 설명하는 용어로 이해할 수 있다. 자성예언에서는 기대가

'타인과 나의 관계'이고, 체홉의 말에서는 기대가 '나와 나의 관계'라는 점에서는 다르지만, 기대가 수행 결과에 영향을 미친다는 점에서는 공통적이라고 할 수 있다.

심리학자이자 미국 영재교육협의회 회장을 지낸 고어츨(Goertzel)은 과학, 기업, 문학, 드라마 등의 영역에서 탁월한 업적을 낸 600명의 프로파일(가정 환경, 개인적 삶 등)을 조사한 결과, 그들 부모들의 대부분은 자녀에게 높은 성취 기대를 가지고 있었던 것으로 밝혀졌다고 말한다. 블룸도 음악, 미술, 수영, 테니스, 수학, 과학 영역에서 40세 이전에 탁월한 성취를 올린 영재들의 부모에 관한 연구를 통해 밝혀낸 것은, 그들 부모들의 교육 수준, 직업의 종류, 경제적 수준, 취미 등은 서로 상이했으나 그들의 자녀들은 공통적으로 부모로부터 '도전하고 성취하라. 너는 할 수 있다.'라는 이야기를 반복적으로 들으며 자랐다는 것이다.

그렇다고 자녀에 대한 높은 기대가 능사는 아니다. 유의해야 할 것도 있다. 냉정한 부모가 되려면 세상의 모든 일이 그러하듯이 자녀에 대한 기대가 너무 지나치지 않도록 유의해야 한다. 부모의 성취 기대가 과도하여 자녀에게 스트레스가 되면 오히려 역효과가 나고 정서적인 문제가 생길 가능성이 크다. '도전하고 성취하라. 너는 할 수 있다.'라는 말은 성공에 대한

냉정한 부모의 자녀교육법 자녀의 재능 계발을 위한 열 가지 교육 지침

명령이나 막연한 기대라기보다는 격려하고 용기를 주는 코치의 언어로 작용해야 한다. 똑같은 말이라도 어떤 형식과 과정을 취하는가에 따라 다른 의미로 전달될 수 있다. 냉정한 부모가 되려면 자녀에 대한 자신의 기대가 감정이 섞인 부담이 될 것인지, 격려와 용기를 주는 코치의 말이 될 것인지에 관해 조심하고 신중해야 하며, 때로는 단호한 태도로 확신을 줄 수 있어야 한다. 영어 속담 'She can do. He can do. Why not me?'도 그런 맥락이라고 보아야 한다. '다른 사람도 할 수 있으니 너도 하라!'라고 하기보다는 '다른 사람이 할 수 있다면, 너라고 못할 이유가 없다!'라는 도전 정신을 고취하는 말이어야 한다. 물론 가능성이 없다고 생각하면서 혹은 그 일에 도전할 수 없다고 믿으면서 도전 정신과 자긍심을 심으려고 하는 것은 공허한 말잔치가 될 뿐이다. 부모는 자녀를 믿고 또한 자녀에게 믿음을 주는 것이 중요하다. 도전하고 성취하라는 부모의 기대는 명령도 아니고 부담도 아닌 도전을 위한 용기와 격려이고, 동시에 강한 믿음이기도 하다. 다음은 학자들이 권하는 코치로서의 부모 역할에 관한 내용이다.

첫째, 부모는 심판(judges)이 되기보다는 코치(coaches)가 되어야 한다. 심판은 주로 성취 여부 및 그 정도를 판단하는 역할을 하지만, 코치는 그런 판단 외에도 도전과 지원을 동시에 제공

하는 역할을 한다는 점에서 차이가 크다. 바람직한 코치로서의
부모 역할은 자녀를 판단하고 통제하기보다는 자녀의 요구에
반응하고, 지원하고, 격려하고, 안내해 주는 상호 작용의 형식
을 취하는 것이 바람직하다. 언뜻 보면 냉정한 부모에게는 코
치보다 심판이 어울릴 것처럼 보인다. 냉정함은 심판의 중요한
특성이기 때문이다. 하지만 부모와 자녀의 관계는 심판과 선수
의 관계와 같지 않다. 심판과 선수 사이에는 어떠한 감정적 연
관 고리가 없으며, 심판은 선수에게 감정이 내포된 판단을 해
서도 안 된다. 부모와 자녀는 애초부터 감정으로 단단하게 묶
여 있는 관계이다. 아무리 부모가 독하고 냉정한 부모가 되려

냉정한 부모의 자녀교육법 자녀의 재능 계발을 위한 열 가지 교육 지침

고 노력해도 말 그대로의 독한 냉정함을 유지하기가 어렵다. 그럼에도 불구하고 부모가 심판이 되려고 한다면 그것은 인간의 본성에 반하는 관계가 될 수밖에 없다. 냉정한 부모는 경우에 따라 자녀에 대한 판단이나 통제의 역할을 수행해야 할 필요도 있겠지만, 오히려 자녀가 바람직한 방향으로 갈 수 있도록 돕고 조언하는 코치의 역할이 제격이다.

둘째, 부모는 높은 성취 기대와 함께 강력한 일의 윤리를 강조해야 한다. 어떤 재능 분야에서 탁월한 성취를 하였다고 하여도 일의 책임감과 윤리 의식이 동반되지 못한다면 탁월한 성취도 물거품이 된다는 것을 알게 해야 한다. 블룸도 음악, 미술, 수영, 테니스, 수학, 과학 영역에서 탁월한 성취를 올린 성인 영재들의 어린 시절을 연구한 후, 그들의 부모들은 공통적으로 자녀들에게 일과 윤리를 강조하였다고 말한다. 냉정한 부모는 당연히 일의 윤리를 직접 주입하기보다는 자신의 삶 속에서 보여 주는 방법을 받아들일 것이다. 냉정한 부모는 합리적이고 이성적인 행동을 선호하기 때문이다.

탁월한 성취를 한 영재들의 부모들이 일에 최선을 다해야 한다는 강한 정신을 강조한 것은, 일에 최선을 다하는 자세를 통해서만 도전이 가능하기 때문이다. 자녀에 대한 기대도 일의 윤리를 벗어나면 맹목적인 도전에 불과할 것이다. 또 놀기 전에 해야 할 일을 먼저 하고, 장기적인 목적을 설정하고 공부하도록 하였으며, 일의 윤리에서 벗어난 행동을 하면 다시 상기시켜 돌아오도록 하였다. 집안일은 함께 나누고 맡은 일에 대해서는 책임감을 기대했으며, 주어진 집안일과 학교 일을 마치기 전에는 밖에 나가 노는 것을 허용하지 않는 '자기 훈련'을 강조하였다. 가정에서의 일의 윤리는 자녀의 학교생활로 확대되었고, 자녀와의 대화를 통해 학교생활에서 일의 윤리가 지켜졌는지 점검하였다. 자녀로 하여금 일의 윤리를 자신의 재능 개발에 그대로 적용할 것을 주문하였다. 성인 영재에 관한 로빈슨(Robinson)과 노블(Noble)의 연구에서도, 그들의 부모는 성취를 기대하였지만 주의 집중, 독립심과 인내심의 발휘를 동시에 강조하는 역할을 동반하였다. 이러한 연구의 결과들을 통해서 요구되는 부모는 냉정한 부모의 이미지와 상당하게 부합한다. 냉정한 부모는 자녀들에게 성취를 기대하지만 인내심과 독립심 같은 자기 훈련이 뒷받침되기를 원하기 때문이다. 블룸의 동료였던 슬론(Sloane)은 영재들의 부모를 연구한 후, 일의 윤리를 강조하는 영재들의 부모는 구체적으로 다음과 같은 행동적 특징들이 있다고 보고하고 있다.

• 본인들 자신이 근면하고 능동적인 사람들이었다. 다양한

활동으로 자신들의 하루를 채우고, 자녀들이 그것들을 배우고 따라 하기를 원하는 사람들이었다.

- 최선을 다하는 것을 가정의 중요한 가치로 설정하였다. 단순히 바쁜 것으로 충분하지 않고 '할 수 있는 한 최선을 다하라.'고 강조하였다.

- 자녀가 설정한 목표를 달성하면 그 성취를 축하하는 이벤트를 갖고 보상을 하였다.

- 높은 수준의 과제 표준을 설정하고 자녀의 수행이 표준에 미치지 못할 경우, 그 노력의 과정을 점검하고 교정하거나 지속적인 노력을 주문하였다.

- 부모들은 자신들의 시간을 잘 조직하여 생산적으로 사용하였고 우선순위를 정하여 활동하였다. 자녀들에게 놀이보다 과제를 먼저 수행하도록 하였고, 가정에서 시간을 헛되이 보내거나 일을 대충하거나 책임을 회피하는 행위는 용납하지 않았다.

- 부모도 자신의 여가 시간을 흥미 영역에 관한 연습과 학습에 사용하였다. 취미 또는 부업도 수동적이지 않았다. 목공, 정원 가꾸기, 바느질, 스포츠, 역사나 문학 책 읽기, 악기 연주하기, 여행하기, 사진 찍기 등 능동적인 참여를 필요로 하는 활동을 많이 하였다. 콘서트나 스포츠 경기 관

람을 하면서도 그것들에 관한 지식, 기능, 또는 감상법을 증진하기 위해 공부하고 자녀와 토론하였다.

- 가정에서 근면함과 높은 수준의 수행에 관한 자신의 행동 강령(code of conduct)을 설정하고 자녀들이 배우도록 모범을 보이며, 동시에 자녀와 함께 그 중요성에 관해 토론하고 실천에 옮기는지 모니터하였다. 자녀가 숙제를 했는지, 정연하게 되었는지, 눈에 띄는 오류는 없는지도 점검하였다. 가정에서의 일도 역할을 분담하고 책임감 있게 수행했는지 점검하고 '놀기 전에 할 일을 먼저 완수한다.'라는 가정의 강령을 지키도록 하였다.

"

부모는 심판보다 코치가 되어야 한다.

"

5. 자기주도학습 능력을 기른다

배우나 생각하지 않으면 공허하고 생각하나 배우지 않으면 위험하다.

-공자-

지식은 내용 지식과 절차적 지식으로 구분될 수 있다. 내용 지식이란 각 교과에서 다루는 사실, 개념, 원리와 같은 지식이며, 절차적 지식이란 그런 내용 지식을 처리하는 도구에 해당하는 지식이다.

정보화 시대의 특징 중의 하나는 내용 지식의 양이 급속도로 증가한다는 점이다. 교육학자 코스타(Costa)는 2020년까지 지식의 양은 73일마다 두 배로 증가할 것이라고 예상하였다.

이렇게 되면 지식의 변화 주기도 짧아지고 많은 지식이 쓸모 없게 되는 현상도 일어날 것이다. 그렇기 때문에 정보화 사회에서는 변화에 취약한 사실적 지식보다는 변화에 쉽게 흔들리지 않는 '개념'과 '원리'에 관한 지식이 더 필요하다.

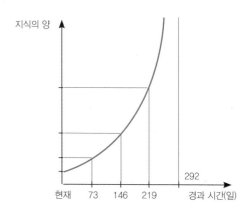

절차적 지식이란 사실, 개념, 원리와 같은 내용적 지식을 습득하고 활용하는 지식이다. 내용 지식과 절차적 지식은 밀가루와 빵틀에 비유될 수 있다. 절차적 지식은 빵의 모양틀처럼 그 자체가 지식은 아니지만 지식을 만드는 절차로 작용하기 때문에 도구적 지식에 해당한다. 중요한 절차적 지식으로는 사고 기술(thinking skills)과 학습 기술(study skills)이 있다. 사고 기술은 순서화하기(sequencing), 분류하기(classifying), 추론하기(inferencing)와 같은 기술이고, 학습 기술은 읽기 기술, 노트 필기하기, 기억 기술, 시간 관리하기, 시험 준비하기, 공부 스트레스 관리하기 등

효과적인 학습 방법에 관한 기술을 말한다. 새로운 지식이 끊임없이 쏟아지는 지식 사회, 정보화 사회에서 학교가 학생들에게 모든 지식을 전수한다는 것은 불가능하다. 그렇다면 학생들은 스스로 사고하고 자기주도적으로 학습을 이끌어 가면서 필요한 정보를 취하고 필요한 지식을 생산해 내는 능력을 갖춰야 한다.

코스타에 의하면, 필요한 정보를 취하고 지식을 생산해 내는 능력은 교과 지식이 아니라 절차적 지식의 습득과 활용을 통해서만 가능하다. 절차적 지식인 사고 기술과 학습 기술은 구체적으로 어떤 모습이고 어떻게 습득할 수 있을까? 인간 운동의

움직임을 정교하고 우아하고 효과적이게 하려면 오랜 기간의 연습, 집중, 반성, 코칭이 있어야 하듯이, 인간의 사고도 그러하다는 점에서 운동 능력과 공통점이 있다.

하지만 인간의 사고는 개인적인 특수함과 은밀함 때문에 사고의 어색함과 영민함이 운동의 움직임처럼 쉽게 파악되지 않으므로 좀 더 정교한 교육이 요구된다. 가정에서 사고 기술을 교육하기 위해서는 냉정한 부모에게도 많은 인내심을 요구한다. 사고 기술을 높이기 위해서 정교한 교육 과정이 필요하다는 점에서 그렇고, 사고 기술에 속한 용어들을 파악하고 이해해야 한다는 점에서도 그러하다. 다음에 제시된 표의 용어들은 평소 일상생활에서 흔히 사용되지 않는 것들이어서 구체적인 용어의 의미를 깊이 있게 다루는 것이 쉽지 않다. 다만, 사고 기술 교육에 더 큰 관심이 있는 부모를 위해 사고 기술의 용어, 사고 기술의 위계와 범위, 그리고 대략적인 교수법을 제시하고자 한다. 사고 기술은 크게 창의적 사고와 논리적/비판적 사고로 구성된다. 교육 심리학자 레이스(Reis)는 다음과 같이 연령별로 사고 기술 교육을 위한 위계와 범위를 제시하고 있다.

냉정한 부모의 자녀교육법 자녀의 재능 계발을 위한 열 가지 교육 지침

〈표〉 사고 기술 교육의 위계와 범위

연령 수준	창의적 사고	논리적/비판적 사고
초등 저학년 (K-2학년)	브레인스토밍, 유연성, 유창성, 독창성, 정교성, 안내적 상상	비교하기, 대조하기, 분류하기, 패턴과 도형적 관계
초등 중학년 (3~4학년)	창의적 문제해결	귀납적/삼단논법적 추리, 유비 추리
초등 고학년~ 중학교	창의적 문제해결, 의사결정	해석하기, 추론하기, 가설 세우기, 오류/편견 분석해 내기, 메타인지

앞의 표 속의 창의적 사고와 논리적/비판적 사고의 각각의 항목 요소는 일정한 의도를 가진 프로그램에 의해 체계적으로 지도되는 것이 효과적이다. 그렇지만 열거된 사고력 항목들의 의미에 어느 정도의 이해력을 가진 부모들이라면 가정 지도를 통해서도 상당한 효과를 거둘 수 있을 것이다. 먼저, 사고 기술 지도를 원하는 부모들은 사고 기술의 이름부터 익혀야 한다. 자녀와 대화를 할 때 사고 기술의 이름부터 직접 사용하는 것이 중요하기 때문이다. 예를 들어, "자, 다음 두 그림을 살펴보자."라는 방식의 지도보다는 "자, 두 그림을 가지고 '비교하기'를 해 보자."라는 방식으로 '비교하기'라는 사고 기술의 이름을 직접 사용해야 효과가 있다.

자녀들이 사고 기술의 용어를 일상에서 자주 들으면 그 용어

들이 내면화되고, 그 용어들이 자신의 어휘 목록의 한 부분이 되어 그 용어에 정교하고 공유적인 의미를 부여하게 된다. 심리학자 비고츠키(Vygotsky)에 의하면, 인간의 언어는 지적 능력을 개발하는 도구의 역할을 하기 때문에 어떤 사물에 이름이나 라벨(label)을 붙이면 이전에는 존재하지 않았던 실제(reality)를 창조하게 된다. 사고 기술도 마찬가지이다. 사고 기술의 이름을 직접 사용하면 자녀들은 이전에 생각하지 못했던 사고 기술의 실제를 창조하여 지니게 된다. '이름의 학습이 가져오는 효과'를 연구한 컨돈(Condon)의 발표도 이를 뒷받침해 주고 있다. 학생들이 천문학 강좌를 이수하기 전과 후의 상황을 관찰하였는데,

강좌 전에는 학생들이 밤에 하늘을 보고 별만 찾곤 했었는데, 강좌 후에는 초신성(supernova)이나 백색왜성(white dwarfs, galaxies)을 찾기 시작하였다는 것이다. 이것은 지각이 변했다는 것을 의미하고, 이름을 학습하게 되면 무엇을 봐야 하는지 알게 되고 이전에는 보지 못했던 것을 보게 된다는 것을 의미한다.

더 전문적인 사고 기술의 지도를 원한다면, 사고 기술의 이름을 사용하는 것에 더해 특정 사고 기술이 언제 왜 필요한지를 설명하고 사용 방법을 단계적으로 모델링하면서 반복적인 지도를 해야 한다. 사고 기술의 이름을 사용하고 그것이 언제, 왜 필요한지 설명하고, 그 시행 과정을 부모가 직접 모델링을 통해 보여 주고 따라 하도록 하는 것을 직접 교수(direct teaching)라고 한다. 다음에 제시하는 베이어(Beyer)의 사고 기술 지도 과정은 주로 교사를 위한 TIP이지만 적극적인 교수를 원하는 학부모에게도 도움이 될 것이다. 물론 이것은 앞에서 제시한 여러 유형의 '사고'에 관한 개념이나 정의를 파악하고 있다는 것을 전제하고 있다.

베이어의 사고 기술 지도의 6단계

- 1단계: 자녀에게 몇 개의 사고 기술만을 소개하되 직접 교수법을 사용한다. 먼저, 사고 기술의 이름, 동의어, 정의와 사용하는 단계를 설명한다. 다음으로 언제, 왜 사용하는지를 알게 하고, 학교 안팎에서 사용한 경험을 이야기하게 한다.
- 2단계: 연습과 적용의 기회를 주며, 결과에 대한 반성과 검토를 요구한다.
- 3단계: 사고 기술을 사용해야 할 상황을 설정하고 자기주도적으로 연습하도록 한다.
- 4단계: 사고 기술을 여러 교과와 배경 속에 전이하는 방법을 보여준다.
- 5단계: 여러 가지 새로운 배경에 전이하는 연습을 하도록 안내한다.
- 6단계: 사고 기술을 독립적으로 사용하도록 한다.

교사들을 위한 앞의 6단계는 부모들에게는 쉽지 않은 과정일 수 있다. 부모가 사고 기술을 지도하려면 자녀와의 일상생활에서 자연스럽게 대화하면서 사고 기술의 방법을 사용하면 좋을 것이다. 물론 앞서 강조하였듯이, 먼저 사고 기술에서 사용되는 용어를 익히고, 자녀와의 대화에서 사용할 수 있는 정도가 되어야 한다. 여기서 중요한 포인트를 들자면, 모든 교육적인 대화는 항상 의도를 가지고 있어야 하듯이, 사고 기술을

냉정한 부모의 자녀교육법 자녀의 재능 계발을 위한 열 가지 교육 지침

높이기 위한 대화도 의도를 가지고 있어야 한다는 점이다. 자녀가 보기에는 아주 편안한 대화지만 부모의 입장에서는 사고기술을 염두에 둔 의도적인 대화이어야 한다. 의도를 가진 질문은 좋은 질문이며 자녀의 사고력 향상에 큰 도움을 준다. 좋은 질문은 자녀에게 지적 수준에 도전하고, 자기주도적으로 정보를 수집하고, 의미 있는 관계들을 도출하며, 나아가 그 관계를 새로운 상황에 적용하도록 도움을 준다. 코스타는 사고력 증진을 위한 질문으로 다음의 세 가지 수준을 제시하고 있다.

〈코스타가 제시하는 세 가지 수준의 질문〉
• 정보의 수집과 기억에 관한 질문
• 수집된 정보로부터 의미를 추출해 내는 수준에 해당하는 질문
• 새로운 상황에 적용하고 평가하는 수준의 질문

첫째, 정보의 수집과 기억에 관한 질문이다. 이러한 질문은 문제해결을 위하여 정보 투입을 자극하는 질문들이다. 이 질문들은 학생들이 과거에 습득하였거나 장기 및 단기 기억에 저장하고 있는 개념, 정보, 느낌, 경험들을 이끌어 내려는 목적이 있다. 이 수준에서 부모가 사용할 수 있는 질문의 예는 다음의 표와 같다.

〈표〉 정보 투입 행동을 유도하는 질문

질문 또는 진술	유도하는 인지 행동
캘리포니아와 경계를 접하고 있는 주들은 무엇인가?	명명하기
이 그림을 보면 어떤 느낌이 드는가?	기술하기
이 그림과 어울리는 단어로는 무엇이 있을까?	짝을 짓기
'haggard'라는 단어는 무슨 뜻인가?	정의하기
이 이야기에 나오는 아이들의 이름은 무엇인가?	명명하기
이 영상에 나오는 남자가 하고 있는 일은 무엇인가?	관찰하기
어떤 공이 파란색인가?	확인하기
게티즈버그 연설은 어떻게 시작되는가?	암송하기
이 무더기에 동전이 얼마나 있는가?	세기
이 목록에서 어떤 단어들이 같은 운을 가지고 있는가?	선택하기
흙벽돌로 만들어진 멕시코인의 집은 ___으로 불린다.	완성하기
액체에 리트머스 시험지를 넣을 때 어떤 색깔로 변하지는 살펴보시오.	관찰하기
다음 '양의 정수'들 중에서 첫 네 수는?	열거하기
과학 시험에서 받은 점수에 대해 어떻게 생각하는가?	상기하기

둘째, 수집된 정보로부터 의미를 추출해 내는 수준에 해당하는 질문이다. 이 질문들은 문제해결 과정 단계에 관련한 질문들로서 전 단계에서 수집된 데이터를 처리하여 관계를 도출해 내는 수준이다. 종합하기, 분석하기, 요약하기, 비교하기, 대조하기, 분류하기 등의 사고 기술이 여기에 해당한다. 이 수준에

적절한 질문들을 이끌어 내기 위해 부모가 사용할 수 있는 질문의 예는 다음의 표와 같다.

〈표〉 과정 수준 행동을 유도하는 질문

질문 또는 진술	유도하는 인지 행동
미국의 남북 전쟁과 독립 전쟁의 같은 점은 무엇인가?	비교하기
콜럼버스가 서쪽으로 항해하면 동양에 도착할 수 있을 것이라고 믿었던 것이 주는 시사점은 무엇인가?	설명하기
여러 가지 수온에서의 식품 착색제 실험을 통해 분자의 움직임에 관해 무엇을 알 수 있는가?	추론하기
이 돌들을 크기의 순서에 따라 어떻게 정렬할 수 있는가?	순서 짓기
기계의 발달을 분석해 보면, 시대별로 사람들에게 미친 영향은 무엇인가?	설명하기, 인과관계
자석에 붙는 것과 붙지 않는 것들을 어떻게 분류할 수 있는가?	무리 짓기
이 기계가 작동하는 것과 같은 방식으로 작동하는 기계들로 어떤 것들을 생각할 수 있는가?	유추하기
이 그림을 반 고흐의 작품이라고 생각하게 한 그의 작품들의 특징은 무엇인가?	구별하기
너의 아이디어를 검증하려면 무엇을 해야 하는가?	실험하기
솔잎과 삼나무잎의 다른 점은 무엇인가?	비교하기
이 블록들을 어떻게 배열해야 붐비는 느낌을 갖게 할 수 있는가?	조직하기
이 문제를 해결하려면 어떤 데이터들이 필요한가?	분석하기
13/4, 3/2, 5/6, 32/5를 오름차순으로 정렬하시오.	순서 짓기
원뿔의 부피를 구하는 공식은 피라미드의 부피를 구하는 공식과 어떻게 다른가?	비교하기

셋째, 새로운 상황에 적용하고 평가하는 수준의 질문이다. 문제해결의 산출 단계에 관한 질문들로서 전 단계에서 도출해 낸 개념이나 원리들을 새로운 상황 또는 가설적 상황에 사용한다. 이 단계에서는 창의적이고 가설적으로 사고하고, 상상력을 동원하며, 가치 체계를 드러내고, 판단과 의사결정을 하는 등의 사고 전략을 사용하게 되는데, 이 수준에서 적절한 질문들을 이끌어 내기 위해 부모가 사용할 수 있는 질문의 예는 다음의 표와 같다.

〈표〉 적용 단계 행동을 유도하는 질문

질문 또는 진술	유도하는 인지 행동
고기압대가 몰려들어 오면 날씨에 무슨 변화가 생길 것으로 예상을 하는가?	예상하기
만약 인구가 지금처럼 늘어난다면, 21세기에는 삶의 모습이 어떻게 될 것 같은가?	추측하기
열이 분자의 운동 속도에 미치는 영향에 비추어 볼 때, 액체를 냉장고에 넣으면 어떤 일이 생길 것인지 말할 수 있는가?	예언하기
우리를 다스리는 법이 없다면 삶이 어떻게 될지 상상해 보시오.	상상하기
단 하나의 농작물에만 의존하는 국가들의 경제는 어떻게 될 것 같은가?	일반화하기
이 복합전선 조각이 화재 경보를 울리도록 설계를 해 보자.	적용하기
이 찰흙을 사용하여 식물 세포 모델을 만들어 보자.	모델 구성하기

냉정한 부모의 자녀교육법 자녀의 재능 계발을 위한 열 가지 교육 지침

이 문제에 대한 공정한 해결책은 무엇인가?	평가하기
주기표와 현미경의 발명 중에서 어느 것이 화학을 구성하는 데 더 필수적인가?	판단하기
지금까지 낭만파 음악의 특징에 대해 살펴본바, 낭만파 음악의 다른 예들을 들 수 있는가?	원리 적용하기
바닷물고기를 민물에 넣으면 무슨 일이 생길 것인가?	가설 세우기

　교수법이란 일종의 질문법이기 때문에 질문의 수준이 바로 교수법의 수준이다. 질문을 잘하는 부모는 훌륭한 부모이다. 대체로 질문은 모르는 사람이 아는 사람에게 묻는 것을 말한다. 하지만 교사의 질문은 아는 사람이 모르는 사람에게 하는 질문이다. 교사의 질문은 모종의 의도를 품고 있는 질문이다. 그래서 교사의 질문은 질문이 아니라 발문이라는 용어로 사용된다. 부모도 마찬가지이다. 합리적이고 침착한 성격의 냉정한 부모는 자녀에게 아는가 모르는가를 묻고 모르면 화를 내는 방식의 감정적인 대화를 하는 부모가 아니다. 냉정한 부모는 발문의 의미를 이해하고 자녀의 사고를 자극하는 질문을 할 수 있다. 냉정한 부모는 자녀의 반응에 화를 내지 않고 다음 단계의 발문으로 대화를 이끌어 간다. 적어도 부모가 발문의 의도를 알고 대화를 할 수 있다면 자녀의 사고력 지도의 상당 수준을 습득하고 있는 상태라고 할 수 있다. 발문을 할 수 있다면 다

음의 질문들이 가진 성격을 파악하여 체계적인 사고력 지도를 할 수 있게 될 것이다. 교육심리학자 보리치(Borich)에 의하면, 인지적 수준은 위계가 있고, 교수자는 대체로 여섯 가지 수준에서 인지적 영역에 해당하는 질문을 할 수 있다.

☑ 1수준: 사실적 지식에 관한 질문

이 수준의 질문은 대체로 이미 기억 속에 저장되어 있는 사실적 지식들을 회상하거나 기술하거나 정의하거나 인지하도록 하는 성격의 것들이다. 이 수준의 질문에 사용되는 동사들은 '정의하라' '확인하라' '명명하라' '기술하라' '열거하라' '구술하라' 등이다. 예를 들면, "삼각형의 정의는 무엇인가?" "12라는 숫자를 만들려면 몇 개의 자릿수가 필요한가?" "소유격 문장을 만드는 첫 번째 규칙은 무엇인가?" 등이다. 지식 영역에 대한 질문들은 사실적 지식을 기억해 내는 불연속적인 질문들이지만 다른 형태의 지식들과 연계되면 점진적으로 높은 수준의 사고를 하는 데 필요한 디딤돌 역할을 한다.

☑ 2수준: 이해에 관한 질문

이해 수준에 관한 질문들은 이미 기억 속에 저장되어 있는 사실적 지식들을 설명하거나 요약하거나 정교화하도록 하는

냉정한 부모의 자녀교육법 자녀의 재능 계발을 위한 열 가지 교육 지침

것에 그 목적이 있다. 이 수준의 질문에 사용되는 동사들은 '바꾸어라' '설명하라' '바꾸어 설명하라' '요약하라' '재진술하라' '확장하라' 등이다. 예를 들면, "삼각형을 그릴 때는 몇 단계가 필요할까?" "자본주의가 무엇인지 당신의 말로 설명해 보겠는가?" "12에 단위(units)가 몇 개 필요할까?" "소유격 단어를 비소유격의 형태로 만들기 위해 첫 번째 규칙을 적용할 때 무엇을 재진술해야 할까?" 등이다. 이해 수준의 질문들에 답을 하려면 처음에 학습한 형태의 지식을 변화시켜야 하고, 나아가 그것을 재처리하는 과정을 거쳐야 한다. 이해 영역에 관한 질문들은 지식 영역에 대한 질문들보다 장기 기억으로의 저장에 유리하고 지식의 적용에 더 효과적이다.

☑ 3수준: 적용에 관한 질문

앞의 수준이 사실적 지식이나 이해에 관한 기억과 번역의 수준이었다면, 적용 수준의 질문은 그 지식을 학습했던 상황에서 다루었던 것과는 다른 문제, 배경 또는 환경에 적용하는 방식의 질문이다. 이 수준의 질문에서 사용되는 동사들은 '적용하라' '채택하라' '해결하라' '시범으로 보이라' '조작하라' '사용하라' 등이다. 예를 들면, "삼각형을 그려서 보여 주시오." "열거된 국가 중에서 자본주의 경제 체제를 가지고 있는 나라들은

어디인가?" "연필 12개를 네게 보여 줄까?" "소유격을 만드는
첫 번째 규칙을 적용하여 다음 글에서 오류를 찾아내시오." 등
이다.

적용에 관한 질문은 두 가지의 과정을 포함하고 있다. 첫째
과정은 질문에 관련된 모든 개별적 사실에 관해 동시에 회상하
고 고려해야 하는 것이고, 둘째 과정은 사실들을 조화롭게 구
성하여 답이 즉각적이고 자동적으로 생성되도록 하는 과정이
다. 이와 같은 적용 수준의 질문들을 통하여 학생들은 이전에
학습한 것들을 실제 세계에 가까운 조건 아래로 구성해 나가게
된다. 이런 과정은 앞서 언급된 사실적 지식과 이해, 지식과 규
칙들을 새로운 상황에 적용하는 능력이 전제되어야 한다는 것
을 의미한다.

☑ 4수준: 분석에 관한 질문

분석 수준의 질문들은 문제를 부분으로 분해하고 상호관계
를 찾아내도록 하는 성격의 것이다. 이 수준의 질문은 논리적
오류를 찾아내고, 사실·의견·가정을 구별해 내며, 결론을 도
출하고, 추론 또는 일반화를 만들어 내도록 하는 등 주어진 정
보 뒤에 있는 논거들을 발견해 내도록 하는 데 목적이 있다. 여
기서 주로 사용되는 동사들은 '분해하라' '구별하라' '관계 지으

냉정한 부모의 자녀교육법 자녀의 재능 계발을 위한 열 가지 교육 지침

라' '지적하라' '지지하라' 등이다. 예를 들면, "다음 도형 중 삼각형은 어느 것인가?" "자본주의를 사회주의와 구별해 내는 요인들은 무엇인가?" "어느 상자가 12개(12 사물)를 가지고 있지 않은가?" 등이다.

분석 수준의 질문들은 개념, 형식, 추상화를 하는 데 효과적이기 때문에 개념학습, 탐구학습, 문제중심학습을 시작하는 신호로서 많이 사용된다. 그러나 분석을 요구하는 질문의 대부분은 단 하나의 답만을 가지고 있지 않기 때문에 좀 더 폭넓은 범위의 반응들을 평가해야 한다. 비록 모든 반응을 예상할 수 없지만, 학생들의 반응을 평가할 시간을 많이 갖도록 하고, 좀 더 신중하고 느린 속도로 상호 작용하는 것이 중요하다.

☑ 5수준: 종합적인 질문

종합적인 수준의 질문들은 해결책을 설계하고 반응을 구성하고, 또는 전에 본 적이 없는 문제에 관해 결과를 예측하는 방식이 독특하고 독창적이도록 하는 것에 목적이 있다. 이 수준의 질문에서 사용되는 동사들은 '비교하라' '형성하라' '창조하라' '예측하라' '구안하라' '생산하라' 등이다. 예를 들어, "자를 사용하지 않고 삼각형을 그릴 수 있는 방법은 무엇일까?" "자본주의와 사회주의의 주요 특징들을 조합한 경제 체제는 어떤 모습일까?" "12개씩 더함으로써 만들 수 있는 수들은 무엇일까?" "소유격 부호 's를 사용하지 않고 소유격의 문장을 만들어 보시오." 등이다.

종합적인 수준의 질문은 종종 창의적 사고와 연계되기 때문에 분석 수준의 질문보다 더 다양한 답이 나올 수 있다. 학생들의 반응도 동등한 수준의 수용 가치라고 볼 수 없다. 교사는 수용하기 어려운 반응들이 좀 더 정확하고, 조리 있고, 효율적인 반응으로 이어지도록 반응의 다양성을 고려해야 한다. 다음은 교사가 학생들을 대상으로 종합적인 수준의 질문을 사용하고 있는 예이다.

> 교사: 주기표를 사용하지 않고 아직 발견되지 않은 원소들을 예측할 수 있는 방법은 무엇일까?
>
> 학생 1: 달에 가서 우리 지구에는 없는 원소들이 있는지 찾아봅니다.
>
> 학생 2: 지구의 중심부로 파고 내려가서 우리가 놓치고 있는 원소들이 있는지 살펴봅니다.
>
> 학생 3: 운석의 잔해들을 연구하면 무엇인가를 발견할 수 있을 것입니다.
>
> 교사: 모두 좋은 대답이구나. 하지만 세 가지 방법 모두 비용과 시간이 많이 들면 어떻게 하지? 새로운 원소들을 발견하기 위해 우리가 이미 지구에서 가지고 있는 원소들을 사용할 수 있는 방법은 없을까?

냉정한 부모의 자녀교육법 자녀의 재능 계발을 위한 열 가지 교육 지침

학생 4: 아! 그렇지. 우리가 가지고 있는 원소들을 조합하는 실험을 통해서 새로운 원소들을 만들어 낼 수 있는지 살펴보면 될 것 같습니다.

☑ 6수준: 평가적 질문

평가적 수준의 질문들은 준거를 사용하여 판단하고 결정하도록 하는 최고 수준의 것이다. 준거는 대체로 개인적 가치 체제와 같은 주관적 성격의 것과 과학적 준거나 절차와 같은 객관적인 성격의 것이 있다. 두 준거 모두 다른 사람들이 가치롭게 여겨야만 하는 것이 아니더라도 분명하게 진술되어야 한다는 점이 중요하다. 이 수준의 질문에 사용되는 동사들은 '평가하라' '결정하라' '정당화하라' '사정하라' '방어하라' '판단하라' 등이다. 예를 들면, "자본주의와 사회주의 국가 중에서 어느 편이 더 잘사는지 증거를 대어 주장하시오." "다음 수들 중에서 12개의 배수는 어떤 것인가?" "소유격을 만드는 규칙 1과 2를 사용하고 정확한 용법의 경우 1점을 부여하는 준거를 가지고 친구의 글에 점수를 주시오." "다음 도형들의 부분 중에서 삼각형을 구성하는 데 사용될 수 있는 것은 무엇인가?" 등이다.

지금까지 사고 기술에 관하여 살펴보았다. 이제 절차적 지식으로서의 학습 기술의 내용과 방법을 탐색해 볼 차례이다. 학습 기술은 학습하는 방법에 관한 지식을 말하며, 근래에 공부 기술이라는 용어로 널리 알려져 있다. 공부란 농사일과 비슷하여 기본적으로 땀을 흘려야 수확을 얻을 수 있는 활동이다. 좋은 수확을 위해서는 효과적이라고 알려진 영농 방법을 찾아야 한다. 공부에도 같은 노력과 시간을 들여 보다 높은 학습의 효과를 얻을 수 있는 방법이 있다. 그 방법들은 과학적으로 연구되고 효과적이라고 검증되었기 때문에 학습 기술 또는 학습 전략이라고 불린다. 배움에 왕도(王道)는 없으나 정도(正道)는 있다. 배움의 정도란 학습 기술을 학습에 적용하여 학습하는 방법이

학습 기술(공부 기술, 학습 전략) = 학습하는 방법에 관한 지식

냉정한 부모의 자녀교육법 자녀의 재능 계발을 위한 열 가지 교육 지침

다. 교육심리학자 댄서로우(Dansereau)는 학습 기술을 "정보의 습득, 저장, 활용을 촉진하는 일련의 과정 또는 전략"으로 정의한다. 심리학자 메이어(Meyer)는 "학습 기술은 학습자가 인지적이고 능동적인 학습자가 되도록 돕는다."라고 말한다.

학습 기술에 관하여 더 구체적으로 살펴보자. 댄서로우는 학습 기술을 일차적 전략과 지원적 전략으로 구분한다. 일차적 전략은 텍스트에 직접 작용하는 방식이고, 지원적 전략은 학습 분위기를 적절하게 유지하도록 하는 방식이다. 일차적 전략은 정보를 이해하기 쉽고 기억하기 좋도록 처리하는 전략을 통해 정보를 습득하고 저장하는 방식으로 작용한다. 일차적 전략의 예로는 읽기 기술, 노트 필기하기, 바꾸어 쓰기, 네트워킹, 핵심 개념 분석하기, 요약하기, 기억 기술 등이 있다. 지원적 전략에는 계획하고 스케줄 짜기, 학습 분위기 설정과 분위기 유지하기, 학습 점검하고 진단하기, 시험 보는 기술 등이 있다.

학습 기술
- 일차적 전략: 텍스트에 직접 작용하는 방식
  (예: 읽기 기술, 노트 필기하기, 바꾸어 쓰기, 네트워킹, 핵심 개념 분석하기, 요약하기, 기억 기술)
- 지원적 전략: 학습 분위기를 적절하게 유지하도록 하는 방식
  (예: 계획하고 스케줄 짜기, 학습 분위기 설정과 분위기 유지하기, 학습 점검하고 진단하기, 시험 보는 기술 등)

학습 기술은 사고 기술과 함께 절차적 지식에 포함되지만 몇 가지 점에서 차이가 있다. 사고 기술은 정도와 수준의 차이는 있겠지만 모든 인간이 자연스럽게 지니고 있다는 점에서 타고난 능력에 속한다. 반면에, 학습 기술은 자동차 운전 능력과 같아서 타고난 능력이 아니라 새롭게 습득해야 하는 능력이다. 두 기술 모두 노력에 의해 그 능력이 높아질 수 있지만, 사고 기술은 교육을 통해 더 정교화하는 것이 가능하고 학습 기술은 애초부터 없는 능력을 길러야 한다는 점에서 차이가 있다.

학습 기술이 자동차 운전 능력과 같다면, 혼자서는 학습하기 어렵고 전문가를 통해 명시적 지도를 받아야 한다. 전문가들은 학습 기술의 명칭을 직접적으로 사용하면서 그것이 언제, 왜 필요한지를 설명하고 어떻게 사용하는지를 시범을 보이고, 연습을 통해 습득시키며, 여러 교과의 학습에 적용하도록 해야 한다고 말한다. 자동차 운전면허를 가진 부모가 자녀에게 운전면허증을 줄 수는 없지만 운전 기술을 가르칠 수 있듯이, 부모도 학습 기술을 공부하여 가르칠 수 있는 전문가가 될 수 있다. 학습 기술의 습득에도 냉정한 부모의 특성이 유리하게 작용한다. 냉정한 부모는 생각이나 행동이 감정에 좌우되지 않고 침착하기 때문에 운전 기술과 유사한 특성이 있는 학습 기술을 배우고 가르치기에 적합하다. 다음은 학습 심리학자 와이머(Weimer) 교수가

냉정한 부모의 자녀교육법 자녀의 재능 계발을 위한 열 가지 교육 지침

제시하는 학습 기술 지도의 TIP으로, 학습 기술을 적용하는 원칙으로 사용될 수 있다.

첫째, 학습 기술 중 자녀가 현재 할 수 있는 것과 할 수 없는 것을 파악한다. 자녀에게 쉬운 학습 기술에서 어려운 학습 기술까지 위계를 설정하고, 현재 자녀에게 부족한 부분부터 지도한다. 예를 들어, 읽기 기술과 같은 기본 학습 기술을 습득한 후에 다른 기술을 지도해야 한다고 기다릴 필요 없이 자녀에게 우선적으로 필요한 것에서부터 출발하는 것이 좋다. 학습 기술은 난이도가 서로 다르기는 하기만 독립적인 성격을 띠고 있기 때문에 자녀에게 급하고 취약한 부분부터 보완할 필요가 있기 때문이다.

둘째, 소수의 학습 기술을 집중적으로 지도한다. 학습 기술의 목록 전부를 한 번에 지도하려 하지 말고, 내 자녀에게 우선 필요한 표적 학습 기술 두세 가지를 집중적으로 지도한다.

셋째, 학습 기술의 지도에는 집중학습보다는 분산학습이 더 효과적이다. 한번에 많은 시간을 투자하여 많은 학습 기술을 지도하지 말고, 여러 번에 걸쳐 간격을 두고 지도한다.

넷째, 학습할 준비가 되어 있는 적기를 활용한다. 자녀가 학습 기술을 필요로 하는 적기에 자연스럽게 학습 기술을 지도하는 것이 효과적이다. 예를 들어, 시험 보기 전과 후에 시험 보는 기술을 지도하거나, 책을 읽고 보고서를 제출해야 할 때 읽기 기술과 노트 필기 기술을 지도한다.

　다섯째, 학습 코칭 전문가들이 있으면 연대하여 자녀를 지도한다. 부모와 학습 코칭 전문가가 공동으로 지도하면 학습 기술에 관한 부모의 전문성을 높일 수 있고 자녀의 학습에 상승 효과를 낼 수 있다.

냉정한 부모의 자녀교육법 자녀의 재능 계발을 위한 열 가지 교육 지침

66

필요한 정보를 획득하고 지식을 생산해 내는 능력은 교과 지식이 아니라
절차적 지식이다.

99

6.

창의적 인물들의
정의적 능력을 습득한다

당신은 의지의 주인이 되라. 그리고 양심의 노예가 되라.
―「탈무드」―

교육심리학자 렌줄리(Renzulli)는 학교 영재와 창의 영재를 구분하여 정의한다. 학교 영재란 학교에서 높은 성적을 올리는 영재이고, 창의 영재는 학교 공부와 관계없이 높은 창의적 능력을 지닌 영재이다. 학교 영재는 주로 논리적 사고와 기억 능력이 뛰어나 정보를 빨리 많이 습득하는 장점을 가진 학생이다. 창의 영재는 확산적 사고와 정보 활용 능력이 뛰어나 새로운 정보를 창출해 내는 학생이다. 창의 영재도 학교 성적이 뛰어날 수 있지만, 학교 성적이 그렇게 높지 않을 수도 있다. 학교 영재가 학교 공부를 잘하는 이유는 학교 공부의 성격이 주로 이들이 장점으로 가지고 있는 논리력과 기억력을 다루기 때문이다. 하지만 학교에서의 학습 상황과 달리 사회에

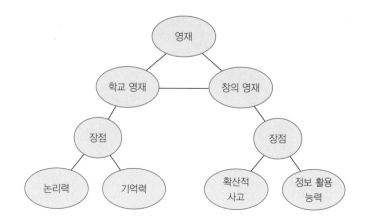

진출하게 되면, 창의적 사고와 정보 활용 및 창출 능력에 장점이 있는 창의 영재들이 더 유리한 환경을 맞이하게 되는 경우가 많다.

진정한 영재는 창의적 산물을 생산해 내는 사람이다. 그렇기 때문에 영재교육에서 관심을 두고 있는 영재 유형은 학교 영재가 아니라 창의 영재이다. 영재교육학자들도 창의 영재에 초점을 두고 이들이 창의적 인물로 성장하기를 도모하는 데 관심을 기울여 왔다. 창의 영재야말로 진정한 자아를 실현하고 사회 발전에 기여하는 인물이 될 수 있다고 생각하기 때문이다.

앞서 살펴본 바와 같이, 창의 영재가 되기 위해서는 반드시 뛰어난 지능이 필요한 것은 아니라 평균 이상의 지능이면 충분하였다. 창의성 연구가 매키넌(MacKinnon)은 문지방 이론(threshold theory)을 통해서 창의성은 어느 정도 지능과 관계가 있지만 지능 지수가 어느 수준, 즉 문지방을 넘어서는 정도가 되면 창의성과 지능 간에는 거의 상관이 없어진다고 말한다. 그렇다면 평균 이상의 지능이면 누구나 창의적 인물이 될 수 있다는 의미인가? 그렇지는 않다. 보통 이상의 지능은 창의 영재가 되기 위한 필요조건이지만 충분조건은 아니다. 지능보다 더 중요한 요소는 정의적 능력이다. 여러 연구에 의하면, 독립심, 인내력, 탐구심, 자기주도성 등과 같은 정의적·인성적 요소가 수반되지 않으면 아무리 지능이 뛰어난 사람이라도 창의적 인물로 성장하지 못하였다. 창의적 산물을 생산해 내는 일은 자신과의 끊임없는 싸움이고 지적 능력 못지않게 정의적 영역이 동반되는 작업이기 때문이다. 정의적 능력의 중요성은 심리학자 헬러(Heller)의 연구에 상세하게 언급되어 있다.

헬러는 과학과 기술 영역에서 뛰어난 업적을 성취한 사람과 평균적 업적을 성취한 과학자 3,500명을 두 그룹으로 나누어 17년 동안 추적 연구를 하였다. 그 결과, 두 그룹에서 가장 차이가 나는 영역은 지능이 아니라 정의적 영역의 요소들이었다. 이 연구에서 나타난 정의적 능력은 다음과 같이 다양한 요소를 포함하고 있다. 문제를 해결하고자 하는 동기, 영향을 주고자 하는 욕망, 자기주도성, 호기심과 지식탐구욕, 과제집착력, 자아 통제력, 자신감과 독립심 형성에 초점을 맞춘 어린 시절의 양육 등이 그것이다. 이외에도 301명의 저명인사에 대한 자서전과 역사물의 연구를 한 칵스(Cox), 다양한 영역에서 탁월한 성취를 보인 유명인들의 인성적 특징을 조사하여 연구한 매키넌(MacKinnon)과 배론(Barron)도 유사한 결과를 보고하고 있다. 다음은 영재 연구자 슬론의 회고로서 영재의 정의적 특성에 관하여 많은 점을 시사하고 있다.

> 실제로 탁월한 성취를 하는 자녀는 가정에서 가장 재능이 있다고 생각되었던 자녀가 아닐 수도 있다. 많은 부모는 탁월한 성취를 한 자녀보다 다른 자녀가 타고난 능력은 더 높았다고 회고한다. 하지만 탁월한 성취를 올린 자녀의 특징은 성실히 연습하고 탁월한 성취를 내고자 하는 욕구가 높았다고 회고한다. 또한 끈기, 경쟁 욕구, 열의가 탁월한 성취를 올린 자녀의 특징이었다고 회고한다. …… 탁월한 성취를 올린 자녀는 매일매일의 연습에 기꺼이 참여하고, 교사의 지시를 잘 따르고, 과제에 집중하며, 연습을 고된 일로 여기는 것이 아니라 즐겁게 여겼다. …… 부모들도 자녀가 기꺼이 연습하고 열정을 보이는 모습을 보고 즐거워하며 지원과 격려를 제공했다.

정의적 능력이 중요한 이유는 인간의 사고와 정서는 서로 연결되어 상호 작용한다는 점 때문이다. 적절한 감정 조절 능력

냉정한 부모의 자녀교육법 자녀의 재능 계발을 위한 열 가지 교육 지침

이 부족한 사람은 그것이 그의 사고에 부정적 영향을 미치기 때문에 성인 영재로 성장하기 힘들다. 밴 건디(Van Gundy)는 분노, 근심, 증오와 같이 통제해야 할 감정은 물론이고 심지어 사랑과 같은 정서도 창의적 사고를 방해할 수 있다고 말한다. 여기서 말하는 정의적 능력이란 감정 자체의 능력이 아니라 감정을 조절하고 절제하며 때로는 통제할 수 있는 측면의 능력을 말한다. 성인 영재가 되려면 냉정한 부모가 아니라 냉정한 학생 영재가 되어야 할지 모른다. 그에 의하면, 감정은 일시적인 것과 지속적인 것으로 분류할 수 있다. 일시적인 정서는 부모, 또래, 교사 또는 학교 과제나 활동, 건강, 스트레스 등과 같이 주로 순간적인 문제 때문에 발생한다. 지속적인 정서는 실패에 대한 두려움, 다르게 사고하는 것에 대한 조롱과 비판, 거부에 대한 공포, 낮은 자아 존중감, 모험 감수에 대한 두려움, 불확실성과 애매모호함에 대한 공포 등이 원인이 되어 발생한다.

정의적 능력은 어떤 방식으로 창의적 활동에 작용하는가? 코스타는 "정의적 능력이란 문제 상황에 직면하여 지적으로 행동하도록 하게 하는 성향"이라고 정의하고, 이것을 마음의 습관(habits of mind)이라고 불렀다. 마음의 습관이 의미하는 바를 더 구체적으로 이해하기 위해서는 마음의 습관을 가진 사람들의 특징을 알아볼 필요가 있다. 그는 마음의 습관을 사용하는 사람들

의 특징으로 지성, 가치, 민감성, 능력, 헌신의 다섯 가지 요소
를 제시하고 있다.

마음의 습관을 사용하는 사람들의 다섯 가지 특징

- 지성: 지적으로 행동하고자 하는 경향성이 있다.
- 가치: 가치를 중시하고 그 가치를 구현하기 위해 생산적인 행동을 한다.
- 민감성: 지적 행동의 패턴을 사용할 기회와 적절성을 민감하게 지각한다.
- 능력: 기본 기능들과 지적 행동을 수행할 능력을 보유하고 있다.
- 헌신: 자신의 지적 행동 수행을 반성하고 증진하기 위해 노력한다.

다른 학자들도 정의적 능력과 창의성의 관계를 연구하였다. 포에르스타인(Feuerstein) 등에 따르면, 창의적 사고를 하는 사람들은 다음과 같은 특징을 총체적으로 사용하면서 지적 활동을 한다고 말하고 있다. 유의할 점은 창의적 사고를 하는 사람들이 다음에 열거된 열여섯 가지 특징을 독립된 능력으로 가지고 있어야 한다는 의미가 아니다. 창의적 사고를 하는 사람이 되기 위해 다음의 열여섯 가지 특징을 독립된 능력으로 가지고 있어야 한다면, 아마 창의적 사고를 하는 사람은 사람이라기보

냉정한 부모의 자녀교육법 자녀의 재능 계발을 위한 열 가지 교육 지침

다는 전지전능한 신적인 존재에 가까울 것이다. 여기서 말하고
자 하는 것은 창의적 사고를 하는 사람들을 자세히 관찰해 보
니 다음의 특징이 있다는 것이다. 그들이 갖고 있는 특징들은
그들이 가진 정의적 능력이 통합적이고 총체적으로 작용하여
나타난 것으로 보아야 할 것이다.

창의적인 사고를 하는 사람들의 열여섯 가지 특징은 다음
과 같다.

• 과제에 관한 지속성이나 집착을 갖고 있다. 창의적인 사람
  은 과제를 완성할 때까지 과제에 집착한다. 문제해결 과정
  에 오랜 시간 집중하고 문제의 애매모호함에 오히려 편안
  한 마음 상태를 유지한다.
• 충동성을 통제한다. 창의적인 사고를 하는 사람은 충동적
  으로 행동하는 것이 아니라 심사숙고하고 그 행위로 인해
  도출될 결과나 행위 과정, 그리고 목표나 종착지에 관하여
  숙고한다. 창의적인 사람은 행동으로 옮기기 전에 여러 대
  안을 고려하고 정보를 수집하며, 답을 하기 전에 반성할
  시간을 갖고 방향들을 확실히 하며, 대안적 관점들에 관한
  의견을 듣고 성공의 확률을 높인다.
• 이해와 공감을 갖고 듣는다. 다른 사람의 의견을 듣는 데

시간과 에너지를 많이 쓰고, 타인의 진술을 자신의 말로 바꾸어 진술하고, 구두 언어나 신체 언어에 담긴 타인의 정서를 파악하며, 정확하게 그들의 아이디어, 감정 또는 문제들을 해석하려고 한다. 이런 듣기는 타인이 알고 있는 것뿐만 아니라 그가 표현하고자 하는 것까지 듣게 만든다.

- 융통성 있게 사고한다. 문제해결 전략의 다양한 레퍼토리로 폭넓은 사고와 세밀한 사고의 시점을 알고 상황에 맞게 조정한다. 대안적 관점을 동시에 고려하고, 다중적 정보를 동시에 처리하는 데 편안함을 느끼며, 자신의 신념에 모순되는 정보에도 열린 사고를 한다.

- 메타인지 능력을 보인다. 메타인지는 보통 11세 이상부터 형성되며 형식적 사고에 속한다. 메타인지를 발휘하는 사람들은 문제해결의 계획을 세우고, 장시간 그 계획을 수행하며 수행의 결과와 계획을 평가한다. 그들은 문제해결의 전 과정에 대해 지각하고, 해석하고, 평가하고, 결정하며, 행동을 모니터한다.

- 정확성과 정교성을 추구한다. 자신의 일에 자긍심을 갖고 지속적으로 완벽을 추구하며, 최고의 표준을 성취하기 위해 노력하고 지속적으로 학습한다. 지켜야 할 규칙, 따라야 할 모델과 비전, 결과를 정확하게 평가할 기준을 검토

한다.

- 자주 질문하고 문제를 제기한다. 자신이 알고 있는 것과 알고자 하는 것 사이의 간극을 채우기 위해 질문하는 법을 알고 자주 질문하며 문제를 제기한다.
- 과거 지식을 새로운 상황에 적용한다. 저장된 지식과 경험을 사용하여 새로운 도전에 반응한다.
- 명료하고 정교하게 사고하고 의사소통한다. 언어와 사고는 밀접하게 얽혀 있다. 혼란한 언어 사용은 혼란한 사고를 반영하고, 명료한 언어는 명료한 사고를 표현한다. 지적인 사람들은 구두나 문서로 정확하게 의사소통하기를 추구하고, 용어를 정의하고, 이름·비유·보편적 명칭들을 사용하며, 지나친 일반화·왜곡·생략 등을 회피하고 설명·비교·증거를 통해 자신들의 진술을 지지하려고 한다. 이런 언어의 정교화는 비판적으로 사고하는 과정에 도움을 준다.
- 모든 감각 기관을 사용하여 데이터를 수집한다. 감각 기관의 모든 통로를 열어 놓고 방심하지 않으며, 민감하게 반응하여 환경으로부터 더 많은 정보를 흡수하여 사용한다.
- 창조하고, 상상하며, 혁신한다. 새롭고 독창적이며, 현명한 해결책과 산출물, 그리고 테크닉을 생성해 내고 그 활

동을 즐긴다.

- 경이로움으로 반응한다. 스스로 해결할 문제를 생성하는 데 기쁨을 느끼고, 다른 사람들로부터 새로운 생각을 듣는 것을 좋아하고, 스스로 사물과 사건들의 이치를 헤아려 짐작해 내며, 생애를 통해 학습하기를 즐거워한다.

- 모험을 감행하고 책임을 진다. 실패의 위험, 혼란, 불확실성을 수용하고, 일 수행에서의 걸림돌과 실패들을 부정적인 것으로 간주하기보다는 가치롭고, 흥미롭고, 도전적이며, 성장지향적인 것으로 간주한다. 성공으로 가는 유일한 길은 실패를 감수하고 모험할 만큼 용감해지는 것이라고 믿는다.

- 유머를 좋아한다. 유머란 서로 상관이 없을 것 같은 것들을 상호 연계할 때 나타나며 웃음을 유발한다. 이들은 유머를 통해 정신적으로 새로운 관계의 발견을 좋아한다.

- 독립적으로 사고한다. 다른 사람들의 관점을 잘 듣지만 자신의 사고에 대해 주관성을 잃지 않으며, 자기주도적 사고를 좋아한다.

- 지속적으로 학습한다. 자신의 지적 성장을 위해 새롭고 더 나은 방식을 끊임없이 추구하고 노력한다.

렌줄리에 의하면, 성인 영재의 정의적 능력 중에서 가장 주목해야 할 부분은 과제집착력이다. 과제집착력이란 과제에 몰입하여 과제가 해결될 때까지 끈질기게 매달리는 능력이다. 일반적으로 이 능력은 집중력을 발휘할 때 나타난다. 과제집착력이 집중력과 관계가 높다면 냉정한 부모는 자녀에게 어릴 적부터 집중력을 길러 주고 그것을 습관화하도록 지도해야 한다. 습관화의 첫 단계에서는 칭찬과 같은 외적 동기 부여가 중요하다. 여러 번 강조하였지만, 냉정한 부모란 사랑과 칭찬을 모르는 부모가 아니다. 냉정한 부모도 조건 없는 사랑을 주는 똑같은 부모이다. 다만 자녀교육을 위해 필요하다고 생각되는 지점에서 기술적인 방식을 쓸 뿐이다. 냉정한 부모는 아무 때나 칭찬을 하는 것이 아니라 자녀가 집중력을 보일 때까지 기다렸다가 자녀가 집중력을 보이면 칭찬을 할 것이다. 이런 일이 반복되면 칭찬을 받는 자녀는 집중력이 기분 좋은 일이라는 것을 경험하게 될 것이고, 자녀에게 그런 경험이 쌓이면 자녀는 또 다른 즐거움을 경험하게 될 것이다. 왜냐하면 집중력을 발휘한 활동에서 좋은 성과를 얻게 될 것이기 때문이다. 그렇게 되면 이번에는 칭찬이 아니라 좋은 성과가 자녀 자신을 즐겁게 할 것이다. 이제 자녀에게 칭찬이라는 외적 동기뿐만 아니라 활동이 주는 내적 동기도 집중력을 높이는 역할을 하게 된다.

에디슨은 집중력에 관한 재미있는 에피소드를 많이 남긴 인물이다. 그가 연구에 열중한 나머지 계란 대신 시계를 삶았다는 에피소드는 잘 알려진 이야기이다. 또 다른 일화들도 있다. 그는 실험실에서 자주 밤을 새우곤 하였는데, 어느 날 조수가 아침을 가지고 왔지만 밤을 지새운 그는 너무 피곤한 나머지 졸고 있었다. 장난치는 것을 좋아했던 조수는 에디슨의 아침을 자신이 먹고 나서 그 빈 그릇과 컵을 졸고 있는 에디슨 앞에 놓아두고 돌아가 버렸다. 졸음에서 깨어난 에디슨은 눈앞에 놓인 빈 그릇과 컵을 보고는 자신이 아침을 먹고 배가 부른 나머지 졸았다고 생각하고 바로 일어나 다시 실험에 열중하였다. 에디슨은 아침을 먹었는지 기억하지 못할 만큼 실험에만 집중하였던 것이다. 또 다른 재미있는 에피소드도 있다. 어느 날 에디슨은 세금을 내기 위해 세무서 앞의 긴 줄에 서서 순서를 기다리고 있었다. 하지만 에디슨의 머릿속은 세금이 아니라 당시에 진행 중이었던 실험으로 꽉 차 있었다. 드디어 그의 순서가 되었고 직원이 그의 이름을 불렀다. 그러나 그는 대답을 하지 않고 멍하니 서 있기만 하였다. 마침 그를 아는 지인이 그에게 말했다. "당신 이름이 토머스 에디슨 아닙니까? 지금 당신을 부르고 있어요!" 그러자 에디슨은 "아, 네. 어디선가 들어 본 이름인데요……."라고 말하고는 잠시 멍하게 있다가 드디어 이렇게

냉정한 부모의 자녀교육법 자녀의 재능 계발을 위한 열 가지 교육 지침

"아, 네. 어디선가 들어 본 이름인데요……."

말하였다. "앗, 내 이름이다!" 에디슨은 후일 당시의 경험에 대해 다음과 같이 말하였다. "그 시간은 겨우 2, 3초였지만 누가 내 목숨을 빼앗겠다고 했어도 그때는 내 이름이 생각나지 않았을 것이다." 정말 놀랄 만한 집중력이다.

어떻게 하면 우리 자녀들의 집중력을 높일 수 있을까? 자녀가 공부를 할 때, 공부를 방해하는 외부 요인과 내부 요인을 최소화하는 것도 공부의 집중력을 높이도록 돕는 방법 중 하나이다. 외부 방해 요인이란 학습자의 의지와 관계없이 외부에서 들어오는 학습 방해 요인으로서 소음, 빛, 책상, 의자, 온도, 학습 도구 등과 같은 환경적인 요인이다. 내부 방해 요인이란 주로 학습자 스스로가 만드는 학습 방해 요인으로서 몽상, 개인 적 문제, 근심, 우유부단, 멀티태스킹, 비현실적 목표 설정 등을 말한다. 외부 방해 요인에 해당하는 요인들을 줄이기 위해서는 앞서 공부방 꾸미기의 내용을 상기할 필요가 있다. 공부와 가 장 가깝고 중요한 외부 환경인 공부방을 잘 꾸미는 것이 외부 방해 요인을 제거하는 일이기 때문이다.

외부 방해 요인은 학습을 방해하는 요인이 학습자의 외부에 존재하지만, 내부 방해 요인은 학습자 내부에서 나온다. 어떻게 하면 내부 방해 요인의 영향력을 줄일 수 있을까? 외부 방해 요 인은 부모가 어느 정도 통제할 수 있지만 내부 방해 요인은 자 녀 자신에게서 나오는 것이기 때문에 전적으로 본인이 제거하 거나 통제해야만 한다. 폴(Paul)과 오웬즈(Owens)는 내부 방해 요

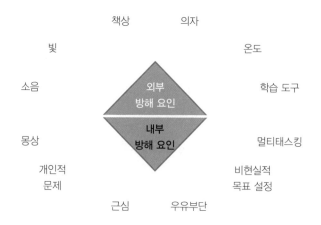

인을 줄이는 방법을 다음과 같이 제시하고 있다. 그들이 제시하는 '내부 방해 요인을 줄이는 TIP'은 부모가 알고 자녀를 지도할 수 있는 항목이며 자녀와 공유하여 자녀가 실천하도록 도와주어야 할 내용이기도 하다. 부모가 자녀의 코치로서 지켜보면서 자녀가 정해진 전략을 수행하는지 점검하고 칭찬과 격려로써 지속성을 높이는 역할을 한다면 전략의 효과는 더욱 커질 것이다.

내부 방해 요인을 줄이는 일곱 가지 TIP은 다음과 같다.

• 공부 집중도를 스스로 점검한다. 공상 때문에 집중력이 부족해질 때마다 종이에 체크 마크를 한다. 단순한 이 행동이 다시 공부로 돌아가도록 상기시켜 주는 놀라운 기능을 할 수 있다. 연구에 의하면, 일반적으로 학생들은 처음 교과서 한 페이지를 읽는 데 20개 정도의 체크 마크를 한다. 하지만 체크 마크를 사용한 다음 1~2주 정도 지나면 1~2개 정도로 줄어드는 것으로 나타났다. 집중도 점검 기법은 자신이 언제 얼마나 집중하지 않고 무엇이 집중을 방해하는지를 스스로 관찰할 수 있는 능력을 길러 준다. 나아가 자신에 관한 이해를 돕고 점진적으로 집중을 방해하는 요인들을 제거해 나갈 수도 있도록 돕는다.

• 근심 패드(worry pad)를 만든다. 기분 좋은 계획이나 공상이 집중을 방해하는 내부 방해 요인이지만, 근심 걱정들도 마찬가지이다. 근심 패드 전략은 근심 패드(적절한 수첩 등)에 자신의 근심 걱정들을 적어 보는 것만으로도 충분하다. 대부분의 경우, 막연하게 흩어져 있는 걱정거리를 모아 적어 보면 의외로 걱정거리들이 그렇게 엄청난 것이 아님을 느낄 수 있다. 이런 단순한 행위만으로도 집중력 회복에 상당한 효과가 있다. 근심 패드를 만드는 것이 문제해결을 위한 출발점이라고 생각하면 상당 부분 걱정에서 벗어나 공부에 다시 집중할 수 있다. 이 전략의 핵심은 근심 걱정을 패드나 수첩에 기록하여 근심 걱정으로 괴로웠던 문제를 명료하게 만들고, 그 시점에서 걱정을 멈추고 다시 당면한 과제로 돌아갈 수 있도록 하는 데에 있다. 물론 이 전략은 근심 걱정을 패드에 적는 것으로 끝나지 않는다. 근심 걱정을 적은 후 공부에 집중하는 것이 일차적 목적이지만 공부를 마치고 근심 패드의 목록을 읽고 그것들을 해결할 방안들을 써넣을 때 비로소 완성된다. 이때 너무 완벽한 해결 방안을 찾으려고 할 필요는 없다. 일단 생각나는 대안들을 적어 놓는 것만 해도 걱정이 줄어드는 효과를 가져오기 때문이다. 그리고 나서 며칠 지나면 또 다른 해결

냉정한 부모의 자녀교육법 자녀의 재능 계발을 위한 열 가지 교육 지침

방안이 떠오르는 경우가 많다. 물론 자녀가 근심 걱정을 자신의 힘으로 해결할 수 없는 경우, 냉정한 부모는 다시 상담사로서 도움을 줄 수 있을 것이다.

- '멈춰(stop)' 기법을 사용한다. 어떤 경우에는 소소한 근심 걱정들이 정신을 산만하게 하고 집중을 방해한다. 이런 경우에는 자신에게 큰 소리로 권위 있게 '멈춰!'라는 말을 한다. 이 기법은 어두운 생각이나 공상이 '힘을 얻고 활개치기' 전에 경고를 보내 막아 버리는 전략이다. 이 기법은 자기대화(self-talk) 기법이라고도 할 수 있는데, 단순하지만 강력하게 기능하는 경우가 많다.

- 멀티태스킹(multitasking)을 최소화한다. 멀티태스킹, 즉 다중 작업처리는 여러 가지 일을 한꺼번에 빠르게 앞뒤로 왔다 갔다 하면서 문제를 해결하는 것을 말한다. 예를 들어, 이메일에 답장하면서 라디오를 듣거나 TV를 보면서 점심을 먹고 동시에 공부하는 등 여러 가지 일을 한꺼번에 하거나 빠르게 앞뒤로 순환하면서 진행하는 것이다. 멀티태스킹이라는 용어는 컴퓨터 구동 체제에서 처음 나온 용어로서, 여러 가지 애플리케이션 프로그램이 동시에 구동되도록 하는 것을 말하는데, 인간에게는 이 체제가 기능적이라고 할 수 없다.

멀티태스킹이 인간에게 기능적이지 않은 것은 다음의 이유 때문이다. 첫째, 멀티태스킹은 기억을 약하게 만든다. 2006년 UCLA의 연구에서는 피험자들에게 멀티태스킹을 하면서 색인 카드를 분류하는 작업을 시켰다. 그 결과, 피험자들은 카드는 분류하였으나 색인 카드에 적혀 있는 정보들에 관한 기억은 현저히 떨어지는 것으로 나타났다. 둘째, 멀티태스킹은 집중력을 약하게 하여 생산성을 떨어트린다. 여러 가지 일을 한꺼번에 할 때는 한 번에 하나씩 하는 경우보다 집중력이 약해지고 전체적인 일의 생산성이 떨어졌다. 셋째, 멀티태스킹은 스트레스를 증가시킨다. 기억력과 생산성의 저하는 스트레스의 잠재성을 높였다.

자녀들에게 멀티태스킹을 최소화하도록 하기 위해서는 다음의 전략이 효과적이다. 첫째, 일일 시간 스케줄을 지키도록 한다. 각 시간대별로 특정한 활동 과제를 주고 그것을 지키도록 하면 멀티태스킹은 자연히 줄어들게 될 것이다. 둘째, 한 과제를 끝내고 다음 과제로 이동하도록 한다. 단기 과제인 경우, 가능한 한 하나의 과제를 끝내고 다음 과제로 이동하는 것을 원칙으로 한다. 여러 가지 단기 과제가 널브러져 있으면 마음의 부담이 크고 집중력도 떨어진다. 장기 과제의 경우도 그것을 여러 개의 하위 과제로 나누어 각 하위 과제를 끝내고 다음 과제로 이동하는 방식을 사용하여 멀티태스킹을 줄일 수 있다. 셋째, 근심 패드에 멀티태스킹을 한 항목으로 넣는다. 근심 패드는 근심과 걱정을 적어 둠으로써 그것들을 잠시 잡아 두는 공간이다. 멀티태스킹의 충동이 생기면 "내가 지금 이 과제를 해결하지 못하면 앞으로도 해내지 못할 것이다."라고 적고, 다시 과제로 돌아간다. 이런 방식으로 하나의 과제를 해결한 후에 근심 패드를 보면 다음의 일이 무엇인지 그 일을 상기시켜 줄 것이다.

• 잡념이나 정보를 목록표에 기록한다. 문득문득 떠오르는 잡념이나 정보들(예: 약속 날짜, 곧 시작하려고 계획한 활동 등)도 집중을 방해하는 주요 요인이다. 무작위적으로 떠오르는 잡념이나 활동들은 근심 걱정거리와 다르다. 그런 생각이나 정보는 종이(또는 수첩이나 휴대 전화 메모란)에 적어 목록화한다. 이런 과정은 마음속에 담고 있었던 것들을 잊지 않게 해 줄뿐더러 그것들로부터 마음을 자유롭게 만들 수 있다. 이런 목록은 일일 스케줄에 포함하여 차근차근 해결해 가도록 한다.

• 휴식 시간을 갖는다. 휴식은 일만큼 중요하다. 잠시도 쉬

지 않고 일이 끝날 때까지 그 일에 매달리는 것은 주의 집중을 방해하고 에너지를 소진하는 원인이 된다. 신체적·정신적 휴식은 배고픔과 같은 인간의 기본적 본능에 속한다. 지나치게 본능을 억압하는 행위는 그 본능이 사람을 이기게 만들어 오히려 본능에 사로잡히게 만들 수도 있다. 예를 들어, 배고픔이라는 본능을 만족시키지 않고 억압하면 배고픔을 극복하기는커녕 오히려 배고픔에 지게 되어 온종일 먹는 일에만 사로잡히는 경우가 생길 수 있다. 휴식도 마찬가지이다. 휴식이 있어야 공부로 다시 돌아올 수 있고 집중력을 높일 수 있다. 다만 휴식 시간을 남용하지 않도록 주의해야 한다. 공부가 잘 진행되고 있는 상황에서의 긴 휴식은 공부 동기를 잃게 하여 공부의 탄력과 추진력을 잃게 할 수 있기 때문이다. 유의할 것은 공부가 잘 안되는 경우에 휴식을 공부 탈출의 핑계로 삼아서는 안 된다는 점이다. 일반적으로 일과 휴식의 비율은 5 대 1 정도가 적당하다. 50분 공부하면 10분 쉬고, 25분 공부하면 5분 쉬는 법칙이다.

• 학습 내용과 능력의 균형을 맞춘다. 연구에 의하면, 학습 내용의 난이도와 학습자의 능력 수준 사이에 적절한 균형이 유지될 때 집중도가 가장 높다고 알려져 있다. 학습 내

냉정한 부모의 자녀교육법 자녀의 재능 계발을 위한 열 가지 교육 지침

용의 난이도가 학습자의 능력 수준을 넘으면 집중력 대신 근심이 생기고, 학습 내용의 난이도가 능력 수준보다 낮으면 지루함이 생긴다. 반면에, 학습 내용의 난이도와 능력 수준이 모두 낮으면 집중도는 아주 낮아질 것이다. 많은 부모가 능력 수준에 맞춰 시작하고 차근차근 난이도를 높이는 방식에 실패한다. 이러한 문제는 주로 부모의 기대 수준 때문에 발생하는 경우가 많다. 부모란 본래부터 기대 수준이 높기 마련이고, 높은 부모의 기대 수준은 자녀의 능력과 학습 단계의 균형을 깨기 쉽다. 하지만 엄밀하게 들여다보면 높은 성취 기대 수준 자체가 학습 내용과 능력의 불균형을 초래하는 것은 아니다. 앞서 살펴보았던 바와 같이, 부모의 성취 기대 수준이 성급함으로 작용하여 코치로서의 부모 역할이 동반되지 못해서 불균형이 발생하는 경우가 더 많다. 냉정한 부모는 높은 기대 수준을 가지고 있지만, 코치로서 자녀를 객관적으로 바라보고 학습 내용의 난이도와 능력의 균형을 맞춘다. 냉정한 부모는 과제가 원만하게 수행되어 자녀에게 문제해결 능력이 생기면 조금씩 난이도를 높이면서 균형을 유지하는 방식을 취할 것이다.

"

창의적인 사람은 문제해결 과정에 오랜 시간 집중하고,
문제의 애매모호함에 오히려 편안한 마음 상태를 유지한다.

"

7.

정기적으로 대화하고
상담한다

남에게 좋은 말을 해 주는 것은 포백(布帛, 베와 비단)보다도 따뜻하고,
남을 상처 입히는 말은 포격(砲擊, 창으로 찌르는 것)보다도 깊다.

―순자―

　자녀들은 성장 과정에서 학업, 정서, 진로 등의 다양한 문제로 어려움을 겪게 되고 여러 부적응 행동을 보이는 경우가 많다. 이때 부모는 자녀와 가장 가까이 있는 친절한 상담사가 되어야 하고, 문제해결을 돕는 가이드가 되어야 한다. 상담사로서의 부모 역할은 특별한 전문성을 가진 상담사가 되는 것이 아니라 재미있고 가치 있는 대화를 나누는 시간, 즉 '질 높은 시간(quality time)'을 운영하는 것이다. 핵심은 자녀의 문제가 심각한 수준으로 발전하기 전에 문제를 발견하고 해결하는 방식이어야 한다. 심각한 상황이 일어나기 전에 예방하는 것이 초점이다. 어떤 방식으로 상담사가 되어야 하는가? 우선 일상에서 자녀에게 뭔가 문제가 있다고 생각되면 상담을 생각해야 한다. 어떤 방식으로 상담을 시작해야 할까? 좋은 대화를 하려면 지켜야 할 것이 있다. 상담을 시작하려면 무엇보다 상호 신뢰의 분위기를 조성하여야 한다. 냉정한 부모는 상담 분위기 조성을 위해서 심호흡을 하고 몇 가지 사항을 자신의 머릿속에서 되뇐다. 조급함을 버리자. 성급함을 버리자. 조급함을 버리는 것은 냉정한 부모에게 어려운 일이 아니지만 자녀의 문제가 심각하다고 느끼면 쉽지가 않다. 냉정한 부모는 진실하고 안전하고 따듯한 마음으로 공감적 이해를 이끌어 낼 수 있는 대화 분위기를 만들어야 한다는 것을 알고 있다. 자녀에게 문제가 있다고 느껴져도 냉정함을 유지해야 한다. 자녀의 말에 동감하면서 자녀가 자신의 감정을 충분하게 말할 수 있도록 기다려야 한다. 대화 도중 자녀에게 진단적이고 해석적인 설명을 하거나 강요하는 말은 피하는 것이 좋다. 대화의 목적은 자녀가 겪고 있는 문제를 부모가 해결하려고 하지 않는 것에 있다. 비록 쉬운 답이 곁에 있더라도 자녀 스스로 자신의 경험을 해석하고 문제해결을 하는 데 주도적인 역할을 하도록 유도하여야 한다. 스스로 문제해결의 방법을 찾도록 도와주는 코치의 역할을 떠올려야 한다. 자녀에게 감정적인 강요와 충고를 피하고 자녀 스스로 자신의 문제를 해결해 나가도록 돕고 기다리는 상담 방식은 전형적인 냉정한 부모의 모습이다.

재능이 뛰어난 영재 자녀들도 일반 학생들과 마찬가지로 여러 가지 스트레스를 겪을 수 있고, 어떤 측면에서는 더 어려운 상황에 처하기도 한다. 학교라는 보통 교육 체제에서는 학생 개개인이 지니고 있는 재능 발달에 관한 관심이 부족할 수밖에 없다. 어떤 자녀들은 정규 학교 교육이 자신들의 교육적 요구를 만족시키지 못한다고 생각하고 학교 교육에 무관심하기도 하다. 이런 경우, 부모는 학교에서 만족하지 못하는 재능 교육의 측면을 가정 차원에서 보완하려는 주의와 관심을 가져야 한다. 무엇보다 영재라고 불리는 학생들에게 흔히 발생하는 문제는 성취와 관련하여 내외적으로 많은 스트레스를 받는다는 사실이다. 그들의 스트레스는 부모를 비롯한 주위로부터 주어지는 기대에 부응해야 한다는 압박감과 경쟁에서 비롯되는 경우가 많다.

성취와 경쟁에 대한 압박감과 스트레스를 줄이기 위해서는 무엇보다 부모의 태도가 중요하다. 성취와 노력에 대한 부모의 태도는 자녀에게 과중한 학습 부담으로 작용할 수도 있고, 자녀의 학교생활을 편안하고 행복하게 만들 수도 있다. 냉정한 부모가 되려면 대화를 통해 성취보다 노력이 더 중요하고, 최선을 다했다면 성취와 관계없이 그 결과를 수용해야 한다는 일의 윤리를 느끼게 해야 한다. 일의 윤리교육에서, 때로는 일상생활에서 보여 주는 부모의 생활 태도는 대화보다 더 효과적이다. 자신의 삶에 최선을 다하고 책임을 지며 결과를 수용하는 냉정한 부모의 생활 태도는 자녀의 삶에 자연스럽게 스며드는 방식으로 작용하여 보이지는 않지만 가장 큰 영향을 미칠 수 있다. 이외에도 정기적인 운동, 레크리에이션, 음악 감상 등 즐거운 취미 활동과 휴식도 스트레스를 해소할 수 있는 효과적인 출구가 되는 것은 당연하다.

영재 자녀는 정서적인 문제에 있어서도 당연히 또래들과 갈등을 경험한다. 사춘기로 접어드는 초등학교 고학년과 중학생들에게 친구는 그들에게 가장 중요한 대화와 놀이의 상대이기 때문에 친구들과의 갈등은 자녀에게 여러 가지 문제를 파생시킬 수 있다. 이 또래의 아이들은 친구들로부터 부정적인 평가를 피하고 인정을 받으면서 친구관계를 유지하려는 특징이 있다. 심리학적으로 본다면, 친구관계를 위해 자신들의 재능을 숨기거나 경시하는 부정적 방어 기제를 쓰는 경우가 많고, 특히 여학생들에게 더 흔하게 일어난다. 정서적인 부적응 문제는 지능과도 관계가 있다. 지능이 높은 아이들에게 정서적 적응 문제는 더 심각하게 나타날 수 있다. 지능 연구의 선구자인 홀링워스(Hollingworth)의 연구에 따르면, 지능이 120~140의 범위에 있는 학생들은 대체로 정상적인 사회적 관계를 가지면서 성취

냉정한 부모의 자녀교육법 자녀의 재능 계발을 위한 열 가지 교육 지침

를 이루는 반면, 지능이 140을 넘으면 오히려 정서적 부적응을
보이는 경향이 커진다고 보고하고 있다. 부모는 자녀가 친구관
계에서 난관에 처해 있다고 느낄 때 다음과 같은 몇 가지 조치
를 취할 필요가 있다.

- 대부분의 정서적인 갈등은 일시적인 것이다. 영재 자녀가
  겪는 대부분의 스트레스는 대체로 고등학교를 졸업하면
  서 끝나는 것이기 때문에 너무 심각하게 다루지 않는 것이
  좋다. 부모가 보기에 자녀가 안고 있는 스트레스가 일반적
  인 것이라면 자녀로 하여금 자신이 가진 재능의 가치를 소
  중히 생각하고 계속적인 노력을 하도록 이해시키는 과정
  을 통해 문제해결이 가능하다.
- 재능 그룹(talented cohort)을 만들어 준다. 같은 분야의 재능을
  가지고 있는 다른 학생들과 함께 공부할 수 있는 환경을
  만들어 주는 것도 친구들과의 좋은 관계를 형성하는 데에
  도움이 된다. 예를 들어, 취미가 비슷한 그룹 활동, 주말
  또는 방학 기간의 캠프 활동 등 다양한 심화 프로그램에서
  다른 재능아들을 만날 수 있는 기회를 제공해 주는 방식이
  다. 이런 활동 환경에서는 재능을 가치롭게 받아들이는 분
  위기를 서로 공유하게 되며, 이것은 학업적 자아 개념과

사회적 자아 개념의 향상에도 도움이 된다.

- 암호화된 메시지를 잘 파악한다. 자녀와의 대화 속에서 그 이면에 숨어 있는 부정적인 생각을 파악하고 자녀가 스스로 그 문제를 해결할 수 있도록 이끄는 대화 기술이 필요하다. 교육학자 에드워드(Edwards)는 자녀들이 메시지를 암호화하는 몇 가지 예를 들고 있다.

  - 자녀가 시험에서 실패할 것을 염려하면서

    "왜 우리가 생물 과목의 크랩스 사이클(Krebs cycle)을 암기해야 하지? 나는 그게 무슨 쓸모가 있는지 모르겠어."

  - 숙제를 가장 늦게 마쳐 꾸중들을 것을 염려하여

    "이 숙제는 너무 어려워. 집에 가서 해 봐도 도무지 알 수가 없어."

  - 친구들로부터 따돌림을 받을까 걱정이 되어

    "학교에 패거리들이 너무 많아 참을 수가 없어. 그들은 모두 사라져야 돼."

  - 과학 경진 대회에서 1등을 하지 못할 경우에 낙심할까 염려되어

    "나는 과학이 싫어. 나는 절대로 과학자는 안 될 거야."

앞의 예에서 볼 수 있는 것처럼, 냉정한 부모는 자녀들의 대화 속에서 암호화된 메시지를 파악해야 한다. 암호화된 메시지를 파악하려면 대화의 내용에 직접적으로 반응하기보다는 그

냉정한 부모의 자녀교육법 자녀의 재능 계발을 위한 열 가지 교육 지침

숨은 이면을 해독하려고 노력해야 한다. 암호화된 메시지의 이면에 숨은 생각을 파악하기 위해서는 능동적 듣기 기술이 필요하다. 냉정한 부모가 되면 듣기는 말하기보다 더 쉽다. 이 책에서 끊임없이 냉정한 부모가 되기를 요구하는 것은 자녀교육에서 말하기보다 듣기가 더 중요하고, 심판보다 코치의 역할이 더 필요하기 때문이다. 심판도 듣기를 잘 하지만 듣기의 목적이 다르다. 심판은 잘잘못을 가리기 위해서 듣지만, 코치는 무엇을 도와줄지를 생각하기 위해 듣는다.

듣기에는 수동적 듣기와 능동적 듣기가 있다. 수동적 듣기는 그저 가만히 들어 주는 듣기이다. 부모가 수동적 듣기 자세만 취하여도 자녀들이 학교생활에서 갖게 되는 여러 가지 고민과 문제가 동반하는 고통과 스트레스를 상당히 줄여 줄 수 있다. 반면에, 능동적 듣기란 단순한 듣기를 넘어서 자녀의 말을 적극적으로 이해하고자 하는 수용적인 자세이다. 구체적으로 자녀가 제공하는 언어적 정보와 비언어적 정보의 단서를 면밀하게 관찰하고 언어적 또는 비언어적 수단을 동원하여 적극적인 관심으로 반응하고 호응해 주는 것이 능동적 듣기이다.

능동적 듣기란 능동적으로 대화를 이끌어 간다는 의미에서 '능동적'이 아니라 상대방의 말을 진지하게 듣고 있다는 반응을 보여 줌으로써 상대방이 더 신뢰감을 갖고 자신의 생각을 적극

냉정한 부모의 자녀교육법 자녀의 재능 계발을 위한 열 가지 교육 지침

적으로 표현하게 만든다는 의미에서 '능동적'이다. 이것은 SNS 상의 대화에서 다양한 표시로 맞장구를 쳐주는 대화법과 유사 하다. 예를 들어, "아~ 그래?" "알겠어~." "그랬구나~." "그것에 관해 더 말해 주겠니?" "그거 참 재미있는 생각인데? 계속 이 야기해 봐!" "지금 말하는 것은 네게 중요한 것 같구나." "지금 이야기하고 있는 것은 정말 재미있어~." 등의 언어와 눈 마주 치기, 고개 끄덕이기, 미소 짓기, 자녀 쪽으로 몸을 기울이기, 얼굴 찌푸리기, 기타 신체 움직임으로 반응하여 자녀로 하여금 부모가 자신의 말에 주의를 기울이고 있고 자신을 수용하려고 한다는 것을 알게 하는 것이다. 다음은 능동적 듣기의 예이다.

> 자녀: 왜 우리가 생물 과목의 크랩스 사이클(Krebs cycle)을 암기해야
> 하죠? 나는 그게 무슨 소용이 있는지 모르겠어요(시험 실패에 대한
> 암호화된 메시지임).
> 부모: 아 그래? 너는 생물 교과의 일부 내용을 학습하는 것에 대해 불만이
> 있는 것 같구나.
> 자녀: 네. 크랩스 사이클을 왜 외워야 하죠?
> 부모: 크랩스 사이클을 외우기 어렵다는 뜻이니, 아니면 외우기 싫다는 뜻
> 이니?
> 자녀: 외우기 어렵기도 하고 싫기도 해요.

부모: 그래? 짜증도 나고 걱정도 되겠구나! 그러면 외우지 않으면 되겠네?

자녀: 시험에 나올 텐데 외우지 않을 수 있나요?

부모: 아~ 시험에 실패할까 봐 많이 걱정이 되는 구나……．

자녀: 네……．

부모: 그렇구나. 그럼 시험에 성공하려면 어떤 대책을 세우면 좋을까?

　능동적 듣기는 자녀가 문제를 스스로 해결할 수 있다는 신뢰에 바탕을 두고 자녀 스스로 문제를 해결하도록 유도하는 데에 목적이 있다. 많은 부모는 '자녀들의 문제는 부모가 적극적으로 나서서 해결해 줘야 한다.'라는 강박 관념을 가지고 있다. 하지만 부모가 자녀의 문제에 너무 직접적인 방식으로 접근한다면 자녀는 고민을 숨기게 되고, 자신의 고민을 털어놓을 기회를 상실하게 된다. 또한 문제해결의 주체가 자녀 자신이 아닌 부모이기 때문에 일방적인 의사소통이 되기 쉽고, 자녀들이 자신을 괴롭히는 문제를 숨기는 경향도 높아진다.

　자녀와 소통이 부족하게 되면 능동적 듣기로도 문제를 해결하기 어려운 상황이 된다. 이런 상황이 계속되면, 자녀들은 자신의 욕구를 충족하려 화를 내거나 거칠게 대들고, 고집스럽고, 시끄럽게 소리치고, 부주의하고, 이기적이고, 사려 깊지 못하고, 멍하고, 파괴적인 행동을 할 수 있다. 이런 경우에는

냉정한 부모의 자녀교육법 자녀의 재능 계발을 위한 열 가지 교육 지침

'나-메시지(I-message)'가 필요하다. '나-메시지'란 부모가 자신의 의견이나 생각을 분명하게 제시하여 자녀가 순응적 행동을 하도록 이끄는 대화 방법이며 냉정한 부모의 메시지이기도 하다. '나-메시지'는 세 가지 내용으로 구성된다.

첫째, 무엇이 부모를 곤란하게 하는지 분명하게 말하는 것이다. '나-메시지'의 핵심은 자녀의 문제행동을 명료하게 진술하는 것이다. 자녀를 비난하거나 판단하지 않되 무엇이 문제인지에 관하여 사실을 분명하고 정확하게 말해 주어야 한다. 이것은 자녀의 인격적 측면에 관한 부정적 진술이 아니라 특정 시간의 특정한 말이나 행동에 어떤 문제가 있는지와 이런 상태에서 변화되어야 함을 전달하기 위함이다. 예를 들어, "학교 선생님으로부터 네가 친구와 싸웠다는 전화를 받았는데……." "아침에 엄마에게 거짓말을 하던데……." "어제 저녁에 숙제를 안 하던데……." 등으로 말한다.

둘째, 자녀의 문제행동이 가져오는 가시적이고 구체적인 결과에 관해 말하는 것이다. 이것은 행동이 가져올 결과적 측면에 관한 진술이다. 자녀들은 자신의 행동이 다른 사람들에게 미칠 영향에 관하여 깊이 생각하지 않고 자신의 욕구 충족을 위해 몰두하는 경향이 있다. 냉정한 부모는 이런 경우에도 비판을 자제하고 자녀가 문제행동의 결과적 측면을 인식할 수 있도록 이야기해 준다. 예를 들어, "네가 친구와 말다툼을 하던데(무비판적 진술), 말다툼은 서로의 감정을 상하게 한단다(가시적 결과)." "네가 어항에 손을 넣어 장난을 하던데(무비판적 진술), 물고기들이 죽을 것 같아 걱정이구나(가시적 결과)." 등으로 이야기해 준다.

셋째, 자녀의 문제행동이 부모에게 야기하는 감정에 관해 말하는 것이다. 이것은 자녀의 문제행동이 부모에게 미치는 정서적 측면에 관한 진술이다. 자녀의 언행이 지나칠 경우, 부모도 감정·욕구·한계를 지닌 한 인간으로서 자녀의 문제행동이 부모에게 미치는 정서적 영향에 관해 정확하게 말해야 한다. 냉정한 부모는 이러한 진술의 목적이 자녀가 자신의 행동을 통제하고 타인에 대한 책임감을 갖도록 하는 것에 있음을 염두에 두고, 문제행동에 대한 부모의 걱정과 같은 구체적인 감정을 말한다. 물론 냉정한 부모는 자신의 평정심을 유지해야 하는 것도 잊지 않고 있다. 예를 들어, "네가 컴퓨터 게임을 많이 하면(무비판적 행동 진술), 공부하는 시간이 줄어들고(가시적 결과), 시험 준비를 잘하지 못할 것 같아 염려가 되는구나(부모의 감정)." "네가 미끄럼틀에서 다른 사람을 밀치면(무비판적 행동 진술), 친구들이 높은 곳에서 떨어지게 되고(가시적 결과), 큰 부상을 입을까 봐 걱정이 되는구나(부모의 감정)." 등으로 이야기해 준다.

자녀들은 진로 문제로도 갈등을 겪는다. 켈리와 콜란젤로

냉정한 부모의 자녀교육법 자녀의 재능 계발을 위한 열 가지 교육 지침

(Kelly & Colangelo)의 연구에 의하면, 영재들은 진로 발달과 관련하여 두 가지 주요한 특징을 보인다. 영재들은 주로 초등학교와 같은 어린 시기부터 여러 종류의 직업을 생각하기 시작한다. 이들은 또래 아이들보다 직업에 관한 지식을 훨씬 더 풍부하게 가지고 있으며, 직업 성취에 대한 포부도 높다. 또한 한 직업 분야가 아니라 여러 직업 분야에 흥미를 가지고 있다. 이것은 영재들이 재능의 다중적 잠재성을 가지고 있다는 것을 보여주는 것이며, 어느 한 가지를 결정하는 데 어려움을 가질 수 있다는 것을 의미한다. 이른바 '풍요 속의 고민'이다. 영재들이 가진 다중적인 잠재성의 특성은 영재들의 진로 탐색과 준비가 조기에 체계적으로 이루어져야 함을 시사하고 있다. 자녀의 진로지도를 시작하기 위해서는 먼저 자녀의 재능 영역을 탐색하는 것에서부터 시작해야 한다. 앞서 살펴본 것처럼, 자녀의 흥미가 중요한 단서임을 염두에 두면서 다음의 TIP을 참고하면 자녀의 재능 영역을 탐색하는 데 도움이 될 것이다.

자녀의 재능 영역 탐색을 위한 TIP

첫째, 부모는 자녀가 어느 영역에서 보다 우수한 능력을 가지고 있는지와 그 영역을 좋아하는지를 동시에 살펴본다. 기준은 자녀의 능력과 흥미가 공통분모로 나타나는 영역이다.

둘째, 자녀가 가진 신체적·인성적·물리적 조건들이 종합적으로 어떤 강점과 약점을 구성하고 있는지를 파악한다. 약점과 강점이 파악되었다면 약점을 보완하기보다는 강점을 살리는 방향으로 진로를 선택하는 것이 낫다.

셋째, 열려 있는 직업을 갖도록 안내한다. 영재들은 직업에 관한 성역할의 고정 관념에 덜 얽매이고, 그들의 직업관은 일시적이거나 지엽적이거나 물질적이기보다는 장기적이고, 세계적이며, 도덕적인 차원의 성격을 지니고 있다. 따라서 영재들의 진로 상담은 일시적으로 유행하거나 각광을 받을 특정한 시기, 특정 지역에 얽매여 있는 직업보다는, 정보화·세계화 사회에서 세계를 바라보고 미래지향적인 도전과 전문적 성장을 계속적으로 허용할 수 있는 '열려 있는' 직업에 관심을 갖도록 안내해야 한다. 열려 있는 직업에서 영재들의 창의적 잠재력이 더 잘 발현될 수 있는 기회가 주어지기 때문이다.

마지막으로, 정보의 문제이다. 자녀의 학업, 정서, 진로의 측면에서 문제를 진단하고 상담을 제공하고자 할 때 부모들은 여러 가지 방법을 통해 자녀의 문제 인식에 관한 정보를 얻어야한다. 가정에서 자녀에 관한 정보를 손쉽게 사용할 수 있는 방법으로는 글쓰기와 책 읽고 토론하기가 있다. 첫째, 다양한 주

냉정한 부모의 자녀교육법 자녀의 재능 계발을 위한 열 가지 교육 지침

제로 글을 써 보도록 하여 자녀가 가지고 있는 문제, 감정, 지각, 포부를 파악할 수 있다. 예를 들어, '미래의 나' '가상적인 이력서' '친구가 보는 나' '나의 소망' '숨겨진 나' '나는 누구인가' '내가 할 수 있는 것과 할 수 없는 것' '내가 좋아하는 것과 싫어하는 것' 등의 주제들을 활용할 수 있다. 이러한 글쓰기는 일회성으로 그치지 말고 일정 주기마다 반복적으로 실시해 봄으로써, 자녀의 생각과 감정이 시간의 변화에 따라 무엇이 바뀌고, 무엇이 바뀌지 않는지를 파악할 수 있다. 둘째, 양서를 읽고 토론을 해 보는 것도 자녀들이 겪는 문제해결에 도움이 된다. 글을 읽고 위인들과 주인공들이 겪었던 곤경과 그것을 극복한 과정을 함께 이야기하면서, 이것을 자신의 경우에 적용하여 자신의 문제를 바라보고 해결하도록 도와준다. 이런 상담적 조치들은 자녀가 지닌 문제들을 전문적으로 치료하는 데 초점을 두기보다는 자녀의 잠재적 갈등 영역이 무엇인지 찾아내고 심각한 문제로 발전하지 않도록 예방하는 데 초점을 두기 때문에 인지발달 심리학자 알비노(Albino)는 이것을 "가정 중심의 예방 상담"이라고 불렀다.

66

암호화된 메시지를 파악하려면 대화의 내용에 직접적으로 반응하기보다
는 그 숨은 이면을 해독하려고 노력해야 한다.

99

8.
조화로운 인격 발달에 힘쓴다

> 조화된 인격을 갖춘 자가 조화된 인격을 갖추지 못한 자를 길러 주고 재능 있는 자가 재능 없는 자를 길러 준다. 그래서 사람들은 조화된 인격을 지니고 재능 있는 부모를 갖게 됨을 즐거워한다. 만약에 조화된 인격을 갖춘 자가 갖추지 못한 자를 버리고 재능 있는 자가 없는 자를 버린다면 잘난 사람과 못난 사람은 무엇이 다르겠는가.
>
> ―맹자―

자녀의 재능 계발 교육에서 간과해서는 안 될 것은 세상을 살아가는 데 필요한 기본적인 예의범절과 생활 태도, 그리고 원만한 인성이다. 흔히 영재교육은 영재들의 재능

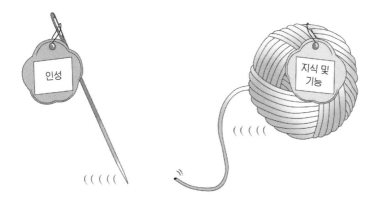

과 관련된 지식 및 기능에 관한 교육으로 생각되는 경향이 있지만, 조화로운 인성 발달에 관한 교육적 관심이 '실과 바늘'처럼 동반되어야 한다.

영재들도 다른 아동들과 마찬가지로 흠과 한계가 있고, 다른 사람들을 화나게 만들고 실망시키기도 하며 기쁨을 가져다주기도 한다. 당연하지만 영재의 능력은 좋은 인성과는 상관관계가 없다. 지능도 마찬가지이다. 지능이 높다고 인성이 그에 비례하지도 않는다. 그렇기 때문에 영재들의 재능은 잘 인도되지 않으면 영재 본인이나 사회에 가치 없는 것이 될 수 있고, 오히려 해가 될 수도 있다. 알비노도 "인성 발달의 기본적 측면들, 예를 들어 사랑, 인간성, 나눔, 타협 등은 영재성과 관계가 없으며, 가치, 표준, 원칙의 습득은 다른 아동들과 마찬가지의 훈육과 엄격함을 요구한다."라고 경계하였다. 천재의 대명사이자 역사상 가장 위대한 과학자로 불리는 알버트 아인슈타인도 인성교육에 소홀한 지식교육의 문제점을 다음과 같이 신랄하게 비판하였다.

학생들에게 전문 지식을 가르치는 것만으로는 충분치 않다. 전문 지식만을 가진 학생은 유용한 기계와 같은 종류의 사람이 될지는 몰라도 조화롭게 발달된 인격을 지닌 인물이 되지는 못할 것이다. 학생이 가치를 이해하고 가치에 관한 생동감 있는 감정을 습득해야 하는 것은 필수적이다. 그는 아름다운 것과 도덕적으로 선한 것에 관해 뚜렷한 감각을 습득해야 한다. 그렇지 않으면, 그는 전문화된 지식을 통해 조화롭게 발달된 인격적 인간이라기보다는 잘 훈련된 개를 더 닮았다고 이야기할 수밖에 없다.

인성교육에서 인성(character)이란 말은 주로 성격(personality)이 아니라 인격(personhood)을 말한다. 인격은 덕(virtues)으로 구성되기 때문에 인성교육이란 덕을 함양하기 위한 계획적인 노력으로 볼 수 있다. 따라서 자녀의 인성교육은 자녀의 성격을 고치는 것이 아니라 덕을 갖춘 인간이 되도록 하는 것이다. 철학자 리코나(Lickona)는 "덕이란 내적으로 선하고 객관적으로 존재하는 도덕적 진리이기 때문에 상당한 범문화적 보편성과 범시대적 항상성을 가지고 있다."라고 말하고 있다. 덕의 교육을 강조하는 입장에서 보면, 인성교육은 항상성을 가진 도덕적 가치, 즉 일종의 '황금률(golden rule)'의 습득과 수행에 초점을 두어야 한다. 덕은 용기, 자제, 노력, 인내 등과 같은 '개인적 차원에서의 덕'과 존경, 공평, 시민성, 관용과 같은 '관계적 차원에서의 덕'으로 구분될 수 있다. 인성교육은 이 두 종류의 덕 모두에 관심을 갖는다. 자녀가 덕을 소유하고 좋은 인성을 갖추면 개인적으로는 풍요로운 삶을, 사회적으로는 다른 사람들과의 조화로

덕 ┌─ 개인적 차원에서의 덕(예: 용기, 자제, 노력, 인내) → 풍요로운 삶

  └─ 관계적 차원에서의 덕(예: 존경, 공평, 시민성, 관용) → 조화로운 삶

냉정한 부모의 자녀교육법 자녀의 재능 계발을 위한 열 가지 교육 지침

운 삶을 가능하게 해 주고 사회 발전에 기여할 것이라 기대하기 때문이다.

인성교육에 관한 책임은 학교에만 있는 것이 아니다. 학교는 사회의 한 부분으로서 학교에서 하는 일은 가정, 지역사회, 국가 차원의 학교 밖 여러 사회적 기관의 영향을 받는다. 가정은 자녀의 인성교육에 가장 직접적인 영향을 미치고 있는 곳으로 인성교육에 일차적 책임을 져야 하는 곳이다. 존 듀이는 "부모들은 자녀들을 지도하는 데 '하나의 주도적 요인(a dominant factor)'이 아니라 '바로 그 주도적 요인(the dominant factor)'이라고 하였고, 도덕교육학자 아고스티노(Agostino)도 "가정은 인성교육이 이루어지는 제1수준의 장소"라고 말했다. 하지만 슈와츠(Schwartz)의 연구에 따르면, 현대의 가정은 자녀의 인성교육을 안내해 주는 힘을 점점 잃어 가고 있으며, 그 역할을 다른 사회적 기관에 의존하고 있다. 1998년 NBC의 설문조사에서 미국 국민의 53%는 학교가 인성교육에 어려움을 갖고 있는 주요 원인으로 가정에서의 도덕적 가치 부재와 자녀 훈육 실패를 지적하였다.

교육심리학자 라이안과 볼린(Ryan & Bohlin)도 가정교육의 문제점을 지적하고, 부모도 양육과 교육을 위한 자격증을 취득해야 한다고 주장하면서 다음과 같이 말하고 있다. "현대 사회에서는 운전면허나 낚시면허 등 수많은 자격 제도가 도입되었다.

의료 기관을 중심으로 임산부들을 대상으로 한 부모교육은 유
행하고 있으나 자녀 양육에 관한 부모교육이 거의 없는 것은
아이러니한 일이다. 부모도 자녀교육 면허를 가져야 한다." 라
이안의 주장을 현실화하기는 쉽지 않겠지만 무엇보다 부모는
가정에서 도덕적 가치를 세우고 자녀 훈육에 적극적으로 나서
야 하며, 학교의 인성교육 프로젝트를 점검하면서 학교와 공동
책임을 지는 역할을 하여야 한다. 부모가 가정에서 좀 더 체계
적인 인성교육을 실시하려면 다음 세 가지 측면의 지식을 필요
로 한다.

냉정한 부모의 자녀교육법 자녀의 재능 계발을 위한 열 가지 교육 지침

첫째, 인성교육에 관한 방법론적 지식이다. 인성교육은 크게 간접적인 방법과 직접적인 방법으로 구분할 수 있다. 간접적인 방법은 부모가 가정의 일상적인 삶의 여러 상황 속에서 자녀들의 인격적 모델이 되도록 노력하는 것이다. 인성교육의 중요한 원리 중의 하나가 모델링이기 때문이다. 모델링이란 '보고 따라 배우도록 하는 것'이다. 모델링은 간접적인 방식이지만 아주 중요한 인성교육의 방법이며, 특히 부모가 보여 주는 모범은 자녀의 삶에 강력한 영향을 미친다.

아리스토텔레스 연구로 유명한 철학자 맥도너는 도덕적 모범이 갖고 있는 성격을 문학과 사랑을 예로 들어 설명하고 있다. 젊은이들이 사랑을 시작하는 경우에 자신의 사랑이 진정한 사랑인가에 관한 의문을 갖게 되는데, 이때 그들은 "문학 작품 속의 인물이나 진정한 사랑을 하고 있다고 여겨지는 사람들의 모범을 참고한다."라는 것이다. 시 쓰기의 학습에서도 "시인은 학생들에게 훌륭한 시가 무엇인지 모범으로 보여 줌으로써 학생들을 가르칠 수 있을 뿐이다."라는 것이다. 시 쓰기를 처음 하는 학생은 시 쓰기의 기본적인 요소들을 배울 것이며, 이러한 교육을 받았다면 학생들은 그들 나름의 시를 쓸 수 있을 것이다. 하지만 학생들에게 훌륭한 시를 쓰는 방법은 가르칠 수 없을 것이다. 훌륭한 시에 관한 특별한 기준이 없기 때문이다. 그렇기 때문에 훌륭한 예술가나 문학가는 제자에게 훌륭함의 기준을 주는 것이 아니라 모범을 보여 주는 것을 좋은 교육이라고 생각한다. 훌륭한 시나 그림, 그리고 훌륭한 사랑을 설명하여 가르칠 수 없는 것처럼 훌륭한 덕의 실천도 설명으로 가르치기 어렵다. 애들 앞에서는 찬물도 마시지 못하겠다고 하는 말도 그런 차원이다. 자녀들은 부모의 모범적인 행동을 보고 그것을 따라 하면서 그들의 인성을 형성해 가고, 나아가 자신들의 삶 속에서 그것들을 행하고 경험하면서 그것들의 진정한 의미를 깨닫게 될 것이다. 부모는 이와 같은 방식으로 자신의 의도와 관계없이 자기도 모르게 자녀의 인성교육에 연루되고 있다는 점은 참으로 시사하는 바가 크다.

부모의 모범은 자녀에게 따라 하게 하는 효과 외에 동기로도 작용한다. 골프나 테니스와 같은 운동을 배울 때를 생각해 보자. 처음에는 기술을 따라 배우다가 기술이 발전하면 즐거움이 생기고 그것이 동기가 되어 더 열심히 연습하도록 학습을 강화해 주는 과정을 경험하는 것은 흔한 일이다. 기술의 학습과 마찬가지로 덕의 학습에도 동기적 요소의 역할은 비슷하게 작용한다. 맥도너가 예를 든 바와 같이, 사랑을 하고 있는 젊은이에게 문학 작품 속의 모범적인 사랑은 그에게 동기로 작용할 수 있다. 진정한 사랑이 무엇인가에 관한 의구심을 품고 있다

냉정한 부모의 자녀교육법 자녀의 재능 계발을 위한 열 가지 교육 지침

가 모범적인 사랑의 예를 보고 그와 같은 사랑을 하려는 의욕을 갖게 되는 방식이 그것이다. 이와 같은 예는 '상대방에 대한 존경심'이 자신에게 동기를 부여하고 있는 경우이고, 기술 발전의 경우에는 '자신을 향한 존경심'이 자신에게 동기를 부여하고 있다. 모범적인 사랑의 경우는 나의 존경심이 모범적인 사랑 쪽으로 작용하며, 자신의 기술이 발전하면 존경심이 자신에게로 향하게 될 것이기 때문이다. 마찬가지로 부모는 자녀의 모델로서 '상대방에 대한 존경심'으로 동기가 되고, 점차 성숙해진 자녀의 바람직한 행동은 '자신을 향한 존경심'이 동기로서 작용하게 된다. 이와 같은 방식으로 부모는, 듀이가 말하는 '바로 그 주도적 요인'으로, 자녀의 인성교육에 작용하게 된다.

부모의 삶이 자녀의 인성교육에 간접적으로 영향을 미치고 있다면, 부모가 직접적으로 인성교육에 관여하는 방법도 있다. 이것을 직접적인 인성교육이라고 한다. 직접적인 인성교육 방법은 부모가 덕목을 설명해 주고 행동으로 실천하도록 하는 방식과 덕목에 관한 토론을 통해 진행하는 방법으로 구분된다.

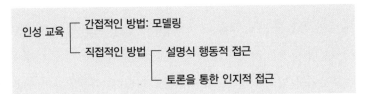

설명식 행동적 접근은 다시 두 단계로 구분할 수 있다. 첫째, 말 그대로 도덕적 규범이 무엇이고, 왜 필요하며, 어떤 가치가 있는지 설명한 후 그것을 이해하고 마음에 새기도록 하는 교육이다. 다음 단계는 학습한 도덕적 가치들을 행동으로 실천하도록 하는 교육이다. 이것은 도덕의 기본 규칙이나 사회 규범을 잘 따르도록 지도하고 행동화하도록 강화하는 방법이다. 반면에, 토론을 통한 인지적 접근의 인성교육은 덕목을 설명하고 실천하도록 습관화하는 하는 것이 아니라, 토론을 통해 도덕적 판단 능력을 길러 주는 것에 목적이 있다. 인지적 접근의 교육은 도덕적 가치나 규율을 따르게 하는 것을 교화라고 보고, 도덕적 딜레마 상황을 설정하여 토론을 통해 도덕적 판단 능력을 기르는 접근이다. 토론을 통한 인지적 접근은 상당한 기술을 필요로 한다는 점에서 학교 교육에 더 적합하다. 냉정한 부모는 일상생활에서 겪게 되는 도덕적 판단의 여러 상황에서 가치중립자로서 자녀와 가벼운 토론을 해 봄으로써 자녀로 하여금 자신의 판단이 가져올 결과를 생각하게 하는 방식을 취할 수 있을 것이다. 이때 주의할 점은 부모는 가치중립적 입장에서 토론을 해야 한다는 것이다. 그런 점에서 딜레마 상황의 가치 토론에는 무엇보다 냉정한 부모의 역할이 필요하다.

부모가 설명식 행동적 접근과 토론을 통한 인지적 접근에 관한 안목을 갖게 된다면 두 방법을 생활 속에서 다양하게 사용할 수 있을 것이다. 다만 도덕 발달의 인습적 수준에 있는 초등학교 저학년 자녀들에게는 설명식 행동적 접근의 비중을 높이고, 중등학교 학생들에게는 토론을 통한 인지적 접근을 강조하는 것이 좋을 것이다.

도덕적 가치 탐구 프로젝트를 활용한 인성교육도 가능할 것이다. 도덕적 가치 탐구 프로젝트란 학생 개인별로 또는 소집단에게 도덕적 가치와 관련된 프로젝트를 주어 가정, 학교, 지역사회에 참여하며 도덕적 가치를 직접적으로 경험하고 탐구하도록 하는 것이다. 예를 들어, 가정에서 동생의 학습을 지도하거나 지역사회에서 봉사활동을 하게 하고, 그 과정에서 얻은 봉사라는 도덕적 가치를 체험하고 탐구하도록 하는 것이다. 그 과정에서 얻은 경험을 설명식 행동적 접근과 토론을 통한 인지적 접근을 사용할 때 피드백하여 도덕적 가치를 몸과 마음으로 이해하고 실제가 되도록 하면 가장 효과적인 교육이 될 것이다. 이것을 그림으로 나타내면 다음과 같다.

둘째, 권위형 훈육 방식도 인성교육의 한 방법이다. 권위형 자녀교육 방식도 냉정한 부모에게 맞춤형 훈육 방식이다. 권위형 훈육 방식이란 전제형과 자유방임형의 중간 형태의 교육 방식이다. 전제형은 자녀의 모든 행동을 통제하고 지시하면서 자

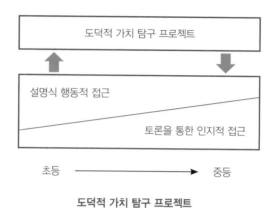

도덕적 가치 탐구 프로젝트

녀에게 그것에 따르도록 하는 형태이다. 반면에, 자유방임형
은 자녀가 행동의 모든 주도권을 쥐고 부모는 관여하지 않는
교육 방식이다. 권위형 훈육 방식은 자녀가 지켜야 할 행동 패
턴과 규칙의 경계선을 정하고 그 안에서는 자유롭게 행동하지
만 그것을 넘어설 때는 부모의 통제와 교정이 가해지는 형태로
전제형과 자유방임형의 문제점을 보완한 교육 방식이다. 세브
링(Sebring) 등의 연구는, 이 세 가지 훈육 유형 중에서 자녀의 마
음을 상하게 하지 않으면서도 가장 효과가 있는 유형은 권위형
이며, 영재들을 대상으로 한 연구에서도 같은 결과를 얻었다
고 밝혔다. 정서발달학자 피초스키(Piechowski) 역시 영재들의 인
성 발달과 관련하여 통제와 자율이라는 두 개념이 적절하게 작
용하는 접근을 권한다. 냉정한 부모는 자녀에게 행동의 특권을

냉정한 부모의 자녀교육법 자녀의 재능 계발을 위한 열 가지 교육 지침

부여하거나 수용하기 어려운 행동을 용인해서는 안 되며, 교정이 필요하면 분명하게 교정해야 하고 방향 제시가 필요하면 제시하여야 함을 아는 부모이다.

정보화 사회가 되면서 스마트폰이 일반화되었다. 스마트폰은 그 다양한 기능과 편리함 이외에 자녀들을 매일 게임에 접하게 하고 중독에 이르게 하는 상업성을 숨기고 있다. 우리나라의 많은 자녀도 스마트폰에 중독성을 보이고 있는 것이 현실이다. IT 강국의 이면에는 스마트폰 중독이라는 역기능이 존재하고 있는 것이다. 집집마다 게임을 더 하려고 집착하는 아이들과 게임 중독을 우려하여 이를 제지하려는 부모들 사이에 신경전이 펼쳐지고 있다. 어떻게 해야 할까? 스마트폰 중독을 방지하기 위해서는, 과제나 운동, 집안일 등 자신의 의무를 다 했을 때 스크린 타임을 정해 놓고 일정 시간만 스마트폰이나 태블릿 등에 접근하게 하는 방법이 있을 것이다. 30분이 스크린 타임이라면, 부모는 30분이 지나면 과감하게 스마트폰을 정지하기 위해 냉정한 부모가 되어야 한다. 이 책에서 요구하는 냉정한 부모는 사랑을 주지 않는 부모가 아니라 자녀에게 감정을 조절하라고 요구하는 부모이며, 자녀에게 자신을 통제하도록 노력하라고 요구하는 부모이다.

셋째, 부모는 자녀와의 의사소통 패턴을 분석하고 긍정적인 의사소통 패턴이 일어나도록 해야 한다. 사람은 서로 의사소통을 하며 인간관계를 형성하고 삶을 영위해 나간다. 하지만 인간관계란 항상 긍정적이지만은 않다. 어떤 사람과의 인간관계는 긍정적이어서 그 관계를 지속하고 싶은 경우가 있지만, 또 다른 사람과의 관계는 그 관계가 부정적이어서 관계를 단절하고 싶은 경우도 있다. 긍정적 인간관계를 만드는 중요한 요소는 긍정적 의사소통 능력이다. 긍정적 의사소통 능력은 어린 시절 부모와의 의사소통 과정이 그 토대가 된다는 연구가 있다. 교류분석 창시자인 에릭 번(Eric Berne)에 따르면, 사람들은 성장하면서 다른 사람들과의 상호 작용을 통해 경험하게 되는 메시지를 '부모' '아이' '성인'이라는 세 종류의 '자아 상태(ego-states)'로 두뇌에 저장한다고 한다. 각 자아 상태는 삶의 경험으로부터 형성되고 그 과정에서 생긴 감정은 두뇌에 의식적 또는 무의식적으로 저장되며, 그 감정은 다른 사람들과의 대화에서 일관되게 표현되어 나타난다. 이렇게 감정에 부수하여 나타나는 언어적 표현은 어디서 오는지도 모르고, 어떤 의식적 생각도 없이 생성된다. 이는 마치 녹음기를 틀면 과거에 저장되었던 정보들이 단순하게 재생되는 것처럼, 다른 사람들과의 대화에서도 단어와 감정이 과거에 학습되었던 그대로, 자동적으로 표출된다.

'부모로서의 자아 상태'는 어떤 방식으로 형성되고 어떻게 표출되는 것일까? '부모로서의 자아 상태'는 생후 초기 5년 동안 경험된 적대적 사건들이 모두 합쳐져 형성된다. 자녀에게 경험된 사건들은 주로 부모로부터 받은 경고, 의견, 판단으로 구성된다. 자녀의 입장에서는 어린 나이에 겪는 경험들이기 때문에 그 경험을 수정하는 방법을 알지 못하고 편집되지 않은 상태 그대로 뇌 속에 저장된다. 이 시기의 아동들은 판단력도 부족하여 부모의 적대적인 반응이 자신이 아닌 다른 사람들에 의해 촉발된 것임에도 불구하고, 그 원인이 자신의 부족함 때문에 생긴 것으로 내면화한다. 이와 같은 과정을 통해 부모가 자녀에게 보내는 적대적인 경고, 규칙, 법칙이 부정적인 경험의 저장고에 기록되는데, 그 속에는 부모가 표현한 언어뿐만 아니라 어조, 얼굴 표정, 신체적 접촉을 통해 얻은 경험까지도 함께 저장된다. 안타까운 것은 이런 부정적인 경험은 자녀가 후일 자신이 성인이 되어 얻는 경험이 비록 긍정적이라도 쉽게 바뀌지 않는다는 사실이다. 따라서 부모로부터 부정적 경험을 축적한 '부모로서의 자아 상태'는 성인으로 성장하여 타인과의 언어적 상호 작용을 할 때 그 자신도 경고, 위협, 판단, 명령, 지배 등과 같이 부정적인 성격을 띠게 된다. 부정적 경험을 축적한 '부모로서의 자아 상태'는 성인이 되어 자신의 가정을 가졌을 때, 그의 자녀 또한 '부모로서의 자아 상태'에서 언어 표현이 대체로 요구, 명령, 꾸중, 비판, 낙인찍기(labeling)의 형태를 띠고, 남을 통제하거나 지시하는 특징이 발생할 가능성이 크다는 것이다. 자녀의 비언어적 표현도 허리에 두 손을 위치시키고, 가슴 쪽으로 두 팔을 겹치고, 한숨을 쉬고, 약지로 손가락질하고, 고개를 좌우로 젓고, 눈썹을 찌푸리며, 입술을 깨물고, 발로 바닥을 구르며, 혐오의 눈빛을 띠는 특징을 보인다. 인성교육에서 살펴보았던 부모의 역할과 번의 연구는 동일한 방향의 시사점을 던져 주고 있다. 어린 시절 부모의 부정적이고 적대적인 행동이 자녀의 성격과 인격 형성에 얼마나 큰 영향을 끼치고 있는

냉정한 부모의 자녀교육법 자녀의 재능 계발을 위한 열 가지 교육 지침

가를 생각하면 다시금 냉정한 부모의 역할을 떠올리게 된다.

'아이로서의 자아 상태'는 '부모로서의 자아 상태'와 동시에 기록되고 역시 부정적 경험들을 내면화한다. '아이로서의 자아 상태'는 자녀가 부모에게서 보고 들은 것에 관한 자신의 반응들로 구성된다. '부모로서의 자아 상태'는 부모의 반응이 내면화되어 구성되지만, '아이로서의 자아 상태'는 자신의 반응이 내면화되어 구성된 자아이다. 그 반응들은 대부분 감정으로 구성되는데, 어린 시기의 자녀들은 언어의 의미를 거의 이해하지 못하기 때문이다. '아이로서의 자아 상태'는 '부모로서의 자아 상태'와 마찬가지로 후일 타인과의 언어적 상호 작용에 부정적인 영향을 미치게 된다. 숨어 있던 어린 시절의 경험과 표현들은 어린 시절에 경험했던 것과 비슷한 상황에 처하게 되면 다시 튀어나오는 속성을 가지고 있기 때문이다. 이런 부정적 경험의 상태에 이르면 정서는 통제력을 잃고, 분노가 이성을 압도하여 효과적인 언어적 상호 작용을 어렵게 만든다. 타인과의 의사소통도 부정적인 성격을 띠게 된다. 자녀가 가정에서 '아이로서의 자아 상태'에서 의사소통하려고 하는 경우, 언어 표현이 통제되지 못한 표현의 형태를 띠는데, 이때 흥분이나 증오의 말들이 나타난다. 비언어적 단서로는 눈물 흘리기, 투정 부리기, 불평하기, 입술을 내밀고 토라진 얼굴하기, 입술 떨기,

어깨 들썩이기, 킬킬거리기, 머뭇거리기, 박장대소하기, 눈을 아래로 깔기 등의 모습을 보인다. 결국, '부모로서의 자아 상태'나 '아이로서의 자아 상태'는 모두 부정적 반응이 내면화되어 구성된 자아이다.

부모와 자녀가 긍정적인 의사소통을 하는 방식은 부모와 자녀 모두 '성인으로서의 자아 상태'에서 나타난다. '성인으로서의 자아 상태'는 '부모로서의 자아 상태'나 '아이로서의 자아 상태'와 달리 정신적으로 성숙하고 바람직한 인간상이라고 간주된다. '성인으로서의 자아 상태'는 '부모로서의 자아 상태'와 '아이로서의 자아 상태'를 점검하고, 사건을 정확하게 식별하여 자료를 수집하며 정확하게 판단한다. '성인으로서의 자아 상태'는 현재의 조건에서 두 자아 상태를 점검하여 자신의 언어적 표현이 타당하고 유용한지를 확인한다. 만일 '부모로서의 자아 상태'로부터 너무 많은 명령을 받고, '아이로서의 자아 상태'로부터 너무 많은 공포가 흘러나오게 되면, 의사소통이 긍정적으로 이루어지지 못할 것이기 때문이다. 이와 같이 '성인으로서의 자아 상태'는 부모 또는 아이로서의 두 자아 상태로부터 흘러나오는 감정과 표현들을 해석하고 조절하는 성숙한 자아이다. 즉, '부모로서의 자아 상태'에서 나오는 명령과 규칙들이 신뢰성이 있고 적용 가능성이 있는지를 점검하고, '아이로서의

냉정한 부모의 자녀교육법 자녀의 재능 계발을 위한 열 가지 교육 지침

자아 상태'에서 나오는 감정과 표현이 수용할 만한 것인지 아니면 쓸모없는 것인지를 조사하고 결정한다. 이와 같은 방법으로 '성인으로서의 자아 상태'는 '부모로서의 자아 상태' 또는 '아이로서의 자아 상태'에 저장된 데이터를 자동적으로 제거하지는 못하지만, 점검과 조사를 통해서 감정과 표현이 지닌 영향력을 조절하는 방법을 찾는다. '성인으로서의 자아 상태'는 두 자아의 상태에서 나오는 정보들을 점검하고 판단하여 현재의 상황에 적절한 행동과 감정의 표현을 판단하는 성숙한 자아이다.

부모로서의 자아 상태	어린 시절 부모로부터 받은 경고, 의견, 판단으로 구성됨
아이로서의 자아 상태	어린 시절 부모로부터 보고 들은 것에 대한 자신의 반응이 내면화되어 구성됨
성인으로서의 자아 상태	부모로서의 자아 상태와 아이로서의 자아 상태에서 나오는 정보들을 점검하고 판단하여 현재의 상황에 적절한 행동과 감정의 표현을 판단함

가정에서의 의사소통 방식이 자녀의 '자아 상태'와 '의사소통' 방식에 절대적인 영향을 준다면, 부모는 그 자신부터 당연히 '성인으로서의 자아 상태'에 있도록 노력해야 한다. 특히 초기 5년 동안의 부모와 자녀의 대화 방식이 자녀의 자아와 인성

의 토대를 결정한다는 점은 두고두고 곱씹어 볼 만한 내용이
다. 냉정한 부모는 '성인으로서의 자아 상태'에서 건강한 의사
소통의 출발점에 서 있는 부모이며, 자녀들이 '성인으로서의
자아 상태'를 형성하도록 격려할 수 있는 부모이다. 부모는 '성
인으로서의 자아 상태'가 되기 위한 긍정적 대화 방법을 익히
고, 자녀들의 언어적 상호 작용을 분석하여 '성인으로서의 자
아 상태'에서 말하도록 교정하는 노력을 해야 한다. 이렇게 본
다면 모든 부모가 다 부모인 것은 아니다. 부모가 되는 길은 참
으로 멀고도 멀다.

어떻게 하면 부모는 '성인으로서의 자아 상태'에서 자녀와 대
화를 할 수 있을까? 당연한 얘기지만, 부모는 무엇보다 자녀에
게 친절하고 사려 깊은 방식의 대화를 하도록 노력해야 한다.
냉정한 부모는 친절하고 사려 깊은 부모와 상충되는 부모인가?
그렇지 않다. 이 책에서의 냉정한 부모는 지나친 감정에 휩싸
이지 않고 코치의 입장에서 자녀를 바라보려고 노력하는 부모
이다. 부모란 자녀에 대하여 아무리 객관적인 시각을 유지하
려고 해도 쉽지 않기 때문이다. 당연히 냉정한 부모는 다른 부
모와 똑같이 자녀에게 친절하고 사려 깊은 부모이다. 그럼에
도 불구하고 냉정한 부모가 되어야 하는 이유는 냉정한 부모가
'성인으로서의 자아 상태'에 더 어울리기 때문이다. 냉정한 부

모는 자녀에게 부정적인 감정을 쏟아 내는 부모가 아니라 코치로서의 부모이면서 대화하는 부모이다. 또한 '성인 자아'로서의 부모는 유용한 대화를 할 줄 알아야 한다. 예를 들면, 앞서 살펴보았던 '나−메시지'를 자주 사용하는 것도 '성인 자아'로서 대화하는 좋은 기술이다. 모든 대화가 유용한 대화이어야 하는 것이 아니라 유용함을 염두에 두어야 한다는 것이다. '성인 자아'로서의 대화는 자녀의 도전적인 대화 방식도 허용해야 한다. 앞에서도 강조하였지만, 냉정한 부모는 허용과 자율을 적절하게 조화하는 부모이다. 냉정한 부모가 자녀의 도전적인 대화에도 허용적인 방식을 채택할 때 '성인으로서의 자아 상태'인 부모로 완성될 것이다.

"

긍정적 의사소통 능력은 어린 시절 부모와의 의사소통 과정이

그 토대가 된다.

"

9.

생애 설계를 하고
시간 관리를 한다

> 시간을 가장 잘못 사용하는 사람들이 시간이 짧다고 불평하는 첫 번째
> 사람들이다.
>
> −장 드 라브뤼예르(Jean de La Bruyère)−

영재가 자신의 잠재적 영재성을 발현하여 자아실현을 이루는 일은 평생에 걸쳐 이루어지는 작업이다. 「영재 교육 진흥법」에서는 영재교육을 초·중등학교 교육에 한정하고 있지만, 영재성의 가시화 작업은 그 이후에도 영재 본인에 의해 계속적으로 추진되어야 하는 과업이다. 영재성의 구현은 평생을 통한 자아실현의 과정이라는 점에서 그것은 시간 관리와 밀접한 관계가 있다. 시간 관리의 기술은 학생들뿐만 아니라 성인에게도 꼭 필요하고 실천해야 할 일종의 능력이다. 우리의 삶에 주어진 시간은 유한하며, 시간을 느리게 가도록 하거나 빠르게 가도록 통제할 수도 없고 저축할 수도 없다. 우리가 할 수 있는 일은 시간을 어떻게 사용할 것인가에 관하여 결

정할 수 있을 뿐이다. 그렇기 때문에 어려서부터 자녀에게 시
간을 계획하고 관리하는 능력을 길러 주는 것은 자녀가 평생
을 두고 사용할 수 있는 가장 유익한 선물 중 하나를 물려주는
일이다. 교육심리학자 프라이(Fry)는 자녀에게 시간을 계획하고
관리하며 살도록 지도하는 것이 자녀의 삶에 가져오는 여러 가
지 유익함을 다음과 같이 정리하고 있다.

첫째, 시간 관리는 자신의 삶에 더 큰 통제력을 가할 수 있
다. 시간 관리는 시간을 계획하여 글로 작성하기 때문에 그 계
획은 경영이 가능한 것이 되고 시간 지연 없이 실행할 수 있게
해 준다. 무엇보다 시간 계획을 세우면 게으름을 덜 피우게 된

냉정한 부모의 자녀교육법 자녀의 재능 계발을 위한 열 가지 교육 지침

다. 누구나 정해진 활동에 할당된 시간을 알면 그 시간을 알차게 사용할 동기가 생기고 그 일이 더 생산적인 것이 되도록 노력하기 마련이기 때문이다. 시간 관리의 핵심은, 빈틈없이 시간 계획을 짜는 것에 목적이 있는 것이 아니라 일의 우선성을 계획하는 데 기본 원칙이 있다고 할 수 있다. 일의 우선성을 정하면 자연적으로 우선적인 일을 순차적으로 하게 될 것이다. 학생들뿐만 아니라 모든 사람은 할 일은 많고 시간은 부족하다는 점에서 갈등을 겪는다. 시간 계획을 통해서 일의 우선성이 정해지면 일의 순서가 매겨지기 때문에 시간 사용에 관한 갈등을 없앨 수 있고, 덜 중요한 일에 시간을 더 쓰거나 중요한 일에 시간이 부족해지는 실수를 막아 준다. 공부에 관한 시간 계획도 시간 스케줄에 따라 차곡차곡 공부를 해 가면 시험 기간에 벼락치기 공부를 해야 하는 스트레스를 피할 수 있을 것이다.

둘째, 삶에 여유를 준다. 시간 계획대로 사는 것은 지나치게 구속되는 삶이고 매우 힘든 일이며 효과도 없다고 생각하는 사람들이 많다. 하지만 이는 시간 계획에 대한 잘못된 인식의 결과이다. 시간 계획은 오히려 삶을 풍족하고 여유롭게 만들어 준다. 체계적이지는 않더라도 대부분의 사람은 막연하게나마 시간 계획을 세운다. 하지만 체계적으로 시간 계획을 세운다는 것은 시간 계획을 머릿속에 담아 두고 '둥둥 떠다니게' 하는 것이 아니라 글로써 작성한다는 의미이다. 여러 가지 해야 할 일을 머릿속에 담아 두고 전전긍긍하다 보면 쉬는 시간을 가질 때도 죄의식을 느끼게 된다. 계속해서 강조하지만, 시간 계획이란 빈틈없이 일을 계획하는 것이 아니라 일의 우선성을 계획하는 일이다. 일의 우선성이 정해지면 마음의 여유가 생기고 다음에 무엇을 해야 할 것인가에 관해서도 지나치게 걱정할 필요가 없다. 시간 계획을 세우면 빠뜨리고 하지 못한 일에 대한 걱정과 압박감에서도 벗어나 마음의 여유를 가질 수 있다.

셋째, 시간을 절약해 준다. 시간 계획을 작성하는 일은 시간을 필요로 하지만, 그 시간은 나머지 시간을 절약해 줌에 따라 보상을 받는다. 계획된 활동에서 다음 활동으로 부드럽게 이동하게 되고, 다음에 무엇을 할지 선택하거나 걱정하면서 지연되는 시간을 줄일 수 있기 때문이다.

넷째, 시간의 통제로부터 자유로워진다. 시간 계획대로 사는 것은 시간에 얽매여 숨막히는 생활을 하는 것이 아니라 오히려 시간의 노예가 되지 않도록 만들어 준다. 교실에서 도서관으로, 그리고 체육관으로 허둥지둥 뛰어다니는 학생, 걷거나 달려가면서 허겁지겁 점심도 제대로 먹지 못하는 학생들은 시간의 노예이거나 하인일 가능성이 크다. 시간을 어떻게 사용할지에 관한 계획을 세우고 여유 있게 움직이는 사람은 시간을 통

냉정한 부모의 자녀교육법 자녀의 재능 계발을 위한 열 가지 교육 지침

제하는 자유인이자 시간의 주인이다.

다섯째, 삶에 융통성을 제공해 준다. 삶을 잘 조직해서 운영하지 못하는 사람은 시간을 많이 낭비하게 되고 결국 삶에 융통성이 부족해진다. 시간 계획을 통해 항상 일의 우선순위를 조절하는 학생들은 시간을 효율적으로 사용하게 되고 좀 더 나은 학업 성취를 올릴 수 있게 된다. 시간 계획의 기술을 가진 사람은 쉬는 시간 없이 빽빽하게 일의 계획을 세우는 것이 아니라 항상 여유 있는 방식을 택하기 때문에 방과 후 활동, 취미 활동 등에도 시간을 할당할 수 있다. 시간 계획의 기술이란 촘촘한 계획으로 여유 없는 일정을 만드는 기술이 아니라 다양한 활동과 더불어 쉬는 시간을 만들기 때문에 시간적 여유를 갖게 하고 삶에 융통성을 주는 기술이다.

시간 관리의 중요성은 영재들에게는 더 특별하다. 영재들의 잠재적 능력은 대부분의 경우 조기에 드러나기 때문에 주변 사람들에 의해 체계적인 관리에 들어가야 하고, 또 그런 조치가 없다면 그 능력은 사라질 수 있기 때문이다. 블룸은 여러 영역에서 탁월한 성취를 이룬 인물들을 대상으로 한 회고적 인터뷰에서, 그들 대부분은 무엇보다 시간 관리에 뛰어났음을 밝히고 있다. 탁월한 성취를 이룬 사람들은 대부분 12세 이전에 특정 영역으로 진로를 결정하였고, 진로가 정해지면 시간 관리를 통

해 일주일에 15~25시간을 그 영역에 투자하였다. 또한 진로에 대한 포부가 그들 삶의 대부분을 지배하였고, 부모들 또한 그들의 재능 발달을 위해 자신들의 삶을 조절하였다고 보고하고 있다.

자, 시간 관리를 시작해 보자. 영재들의 생애 설계는 자신이 어느 영역에서 무슨 일을 할 것인가, 즉 삶의 목표를 정하는 것으로부터 시작된다. 목표를 달성하기 위한 구체적인 계획은 현재로부터 시작하여 성장 과정에서 예상되는 중요한 일들을 열거하고 성취 목표와 전략을 세우는 일이다.

예를 들어, 초·중·고등학교 졸업, 대학 졸업, 병역 또는 취

냉정한 부모의 자녀교육법 자녀의 재능 계발을 위한 열 가지 교육 지침

직, 퇴임 등을 열거하고 각 기간 내에서 성취하고자 하는 세부적이고 구체적인 목표와 성취 전략도 써 본다. 물론 이러한 계획은 완전하지 않으며 성장 과정에서 목표가 달라질 수도 있고 전략이 바뀔 수도 있을 것이다. 그럼에도 불구하고 생애 설계는 목표 의식을 높이고 진로에 대한 포부와 열망을 강하게 만들어 시간 관리에 더 적극적이고 우선순위를 정하는 기준이 된다. 어린 시절의 생애 설계는 부모와의 의논이나 토론을 거치는 것이 좋다.

초등학교와 중학교에서는 부모의 협조를 통하여 나의 재능이 어느 영역에 있는지 발견하려는 노력이 필요하다. 재능 영역이 정해지면 그 영역에서의 능력을 기르기 위해 어떤 종류의 프로그램에 참여할 것이고, 어떤 경진 대회에 나가 경험을 기를 것이며, 고등학교 진학은 어떤 종류의 학교로 할 것인가를 계획한다. 대학은 어느 대학에서 어떤 전공을 할 것이며, 직업은 어느 직종으로 하여 어떤 것을 성취할 것인가의 내용을 열거하고, 이것들을 성취하기 위한 구체적인 전략도 세운다. 전략은 대개 6하원칙(언제, 어디서, 누가, 무엇을, 어떻게, 왜)의 질문을 염두에 두고 세우면 정교하게 세울 수 있을 것이다. 시간 관리는 생애 설계라는 삶의 큰 청사진을 토대로 학기별, 주별, 일별 계획의 3단계 계획으로 구체화 된다. 다음은 학습법 연구가 포크와 오웬즈가 제안하는 3단계 시간 계획의 지침이다.

- 큰 시간으로 묶인 단위가 낭비되지 않도록 계획한다. 큰 시간 단위는 큰 과제를 위해 사용하도록 하고, 작은 과제는 작은 시간 단위에서 해결하도록 해야 한다. 작은 과제를 큰 시간 단위에 배당하는 것은 시간의 낭비를 의미한다.
- 황금 시간대(prime time)에 공부하도록 계획한다. 대부분의 사람에게 황금 시간대는 낮 시간이다. 연구에 따르면, 낮 시간의 1시간 학습은 밤 시간의 1시간 30분과 같다고 보고되고 있다. 인지적 부담이 많은 과제는 낮 시간에 배치하고, 인지적 부담이 적은 과제는 밤 시간의 작업으로 계획을 세우는 것이 좋다. 물론 생활 습관에 따라 황금 시간대는 바뀔 수 있다. 창의적인 일에 종사하는 사람들에게는 밤이 황금 시간대라는 연구도 있다.
- 예습 중심 수업과 복습 중심 수업을 구별하여 계획한다. 예를 들어, 외국어와 같은 암기 중심의 수업은 예습을 중심으로, 윤리와 같은 토론 중심의 수업은 복습을 하도록 계획한다. 암기 중심 수업은 미리 학습할 내용을 공부하고 들어가면 마음속에 그 내용이 '생생하게' 살아 있어 도움이 되고, 토론 중심 수업은 수업이 끝난 후 공부하면 수업 시

냉정한 부모의 자녀교육법 자녀의 재능 계발을 위한 열 가지 교육 지침

간에 노트했던 내용 중 부족한 부분을 보충해 줄 수 있고, 학습한 내용을 검토하여 장기 기억으로 저장하는 데 도움이 된다.

- 너무 세세하게 계획을 세우지 않는다. 지나치게 상세한 계획은 오히려 자신의 손발을 묶을 수 있다. 너무 작은 단위의 계획을 세우면 그 실천 가능성이 적어지고 수시로 나타날 수 있는 긴급한 일을 처리할 시간도 없다. 또한 하나의 계획이 어긋나면 나머지 계획도 도미노 현상처럼 지체되거나 무너지게 된다. 세세한 방식의 계획은 주로 어떤 한 교과를 공부할 때 별도의 계획으로 세워 진행하는 것이 좋다.

- 비학업적인 활동들도 계획에 포함한다. 식사 시간, 잠자는 시간 이외에도 레크리에이션 시간, 친구들과 어울리는 시간 등 휴식과 여가에 필요한 활동들도 계획에 포함한다. 산술적으로 쉬는 시간을 아껴 공부 시간을 많이 확보하면 학습의 효과가 커질 것 같지만, 장기적으로 볼 때는 그렇지 않다. 비학업적 활동들은 사람의 정신적·신체적 안녕을 위해 필요한 것들이고, 그 시간을 통해 얻은 긍정적인 정신 상태와 상쾌한 신체 상태는 오히려 학습의 효과를 높여 준다.

학습 계획의 3단계는 다음과 같다.

▣ 단계 1

3단계 시간 계획의 첫 번째는 학기별 계획이고, 이것은 마스터 플랜이다. 한 학기에 한 번 정도 짜는 마스터 플랜은 학기별로 학교나 가정에서의 고정된 활동, 즉 기본 활동 항목들을 먼

	월	화	수	목	금	토	일
7~8	아침 식사						
8~9	생물		생물		생물	세면·아침	
9~10		요가		요가		요가	세면·아침
10~11	역사		역사		역사		
11~12		스페인어		스페인어		스페인어	
12~13	점심 식사						
13~14	수학	그래픽 랩	수학	그래픽 랩	수학		
14~15	영어		영어		영어		
15~16		일-학습 프로그램		일-학습 프로그램			
16~17	일-학습 프로그램		일-학습 프로그램		일-학습 프로그램		
17~18							
18~19	저녁 식사						
19~20							
20~21							
21~22							
22~23							
23~24	취침						

마스터 플랜의 예

저 정렬한다. 마스터 플랜의 맨 위에는 한 주의 날짜들을, 왼쪽에는 하루의 시간을 열거한 격자를 만들고, 격자의 박스에는 수업, 잠, 식사, 학원, 정규 모임, 지역사회봉사, 스포츠 일정 등으로 채운다. 4.5×8인치 카드에 적어서 책상 위에 붙여 놓거나 공책에 붙여 가지고 다니면서 상기하도록 한다. 다음의 표는 어느 대학생의 마스터 플랜이다. 그 구성원리는 같기 때문에 초·중·고등학생들도 학기별로 한 번씩 세워보도록 한다.

▣ 단계 2

3단계 시간 계획의 두 번째는 주별 플랜이며, 마스터 플랜에 기초하여 매주 만든다. 마스터 플랜을 복사하여, 다음 주에 계획한 활동들로 빈 블록들을 채우면 간단하다. 예를 들어, 금요일에 수학 시험이 예정되어 있다면 시험 대비를 위해 추가 시간을 계획할 필요가 있고, 보고서를 제출해야 한다면 도서관이나 인터넷 조사를 계획할 필요가 있다. 주별 플랜은 우선순위가 변화하는 활동들에 시간을 적응시키는 데 도움을 준다. 책상 위에 붙여 놓거나 노트에 붙여 가지고 다니면서 상기시킨다.

	월	화	수	목	금	토	일
7~8	아침 식사						
8~9	역사	화학 공부	역사	화학 공부	역사	화학 공부	나의 날
9~10	역사 공부	수영	역사 공부	수영	역사 공부	수영	
10~11	불어 공부	화학	불어 공부	화학	불어 공부	화학	
11~12	불어	화학 공부	불어	화학 공부	불어	화학 공부	
12~13	점심 식사						
13~14	수학	연구 1	수학	연구 1	수학		나의 날
14~15	수학 공부	도서관	수학 공부	화학 실험실	수학 공부		
15~16	영어 공부	도서관	영어 공부		영어 공부		
16~17	영어	도서관	영어		영어		
17~18	레크리에이션						
18~19	저녁 식사						
19~20	영어 공부	수학 공부	영어 공부	수학 공부	영어 공부		영어과 보고서
20~21	불어 공부	역사 공부	불어 공부	역사 공부	불어 공부		
21~22	영어 복습	불어 복습	역사 복습	수학 복습	화학 복습		역사 복습
22~23	여가 독서						
23~24	대화, 취침						

주별 플랜의 예

◩ 단계 3

3단계 시간 계획의 세 번째는 하루 플랜이며, 이것은 하루 과제 목록을 위하여 시간 단위를 계획하는 것이다. 이곳에는 공부 시간만 기록하는 것이 아니고, 해야 할 전화, 여가 활동, 집안일 등에 관해서도 기록한다. 조그만 카드에 이 정보들을 기록한 후 하루 종일 가지고 다니면서 상기시킨다. 매일 저녁 잠자리에 들기 전에 다음 날의 일정을 생각하여 계획을 세운다. 다음 날의

냉정한 부모의 자녀교육법 자녀의 재능 계발을 위한 열 가지 교육 지침

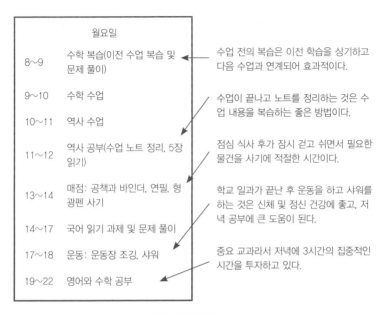

월요일		
8~9	수학 복습(이전 수업 복습 및 문제 풀이)	수업 전의 복습은 이전 학습을 상기하고 다음 수업과 연계되어 효과적이다.
9~10	수학 수업	수업이 끝나고 노트를 정리하는 것은 수업 내용을 복습하는 좋은 방법이다.
10~11	역사 수업	
11~12	역사 공부(수업 노트 정리, 5장 읽기)	점심 식사 후가 잠시 걷고 쉬면서 필요한 물건을 사기에 적절한 시간이다.
13~14	매점: 공책과 바인더, 연필, 형광펜 사기	학교 일과가 끝난 후 운동을 하고 샤워를 하는 것은 신체 및 정신 건강에 좋고, 저녁 공부에 큰 도움이 된다.
14~17	국어 읽기 과제 및 문제 풀이	
17~18	운동: 운동장 조깅, 샤워	중요 교과라서 저녁에 3시간의 집중적인 시간을 투자하고 있다.
19~22	영어와 수학 공부	

하루 플랜의 예

걱정과 근심거리에 대해서도 해결 계획을 함께 기록해 두면 마음이 편해지고 잠도 잘 잘 수 있다.

두뇌도 그 성질이 신체의 다른 근육들과 크게 다르지 않다. 연구에 따르면, 시간 관리 계획을 세워 매일 체계적인 생활을 하게 되면, 우리의 두뇌가 그 규칙적인 리듬에 익숙해져 가장 잘 기능한다고 알려져 있다. 앞의 세 가지 시간 관리 계획에 따라 시간을 효과적으로 사용하면서 우리의 뇌가 잘 기능하도록 계획을 세워 보자. 다음은 학습 효율을 높일 수 있는 시간 계획

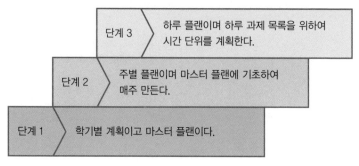

단계 3	하루 플랜이며 하루 과제 목록을 위하여 시간 단위를 계획한다.
단계 2	주별 플랜이며 마스터 플랜에 기초하여 매주 만든다.
단계 1	학기별 계획이고 마스터 플랜이다.

학습 계획의 3단계

의 TIP이다.

• 휴식 시간 없이 공부하지 않는다. 공부할 때 반드시 염두
에 두어야 할 것은 두뇌에 규칙적으로 휴식하고 이완할 시
간을 주어야 한다는 점이다. 어느 누구도 긴 시간 동안 공
부에 집중할 수 없다. 앞서 언급한 바와 같이, 일정 시간
동안 공부한 후에는 휴식 시간을 갖는 것이 좋고, 휴식 시
간에는 공부했을 때의 내용과 염려는 잊고 편하게 쉬도록
한다. 긴 시간을 집중 투자해서 공부해야 하는 경우에도 2
시간의 공부 후에는 20분 정도의 휴식이 필요하다. 식사
시간과 수면 시간도 줄이지 않도록 해야 한다. 1시간의 식
사 시간을 20분으로 단축하거나 7~8시간의 수면 시간을
4~5시간으로 단축하는 것은 집중력을 떨어뜨리고 건강에

해를 끼쳐 장기적으로는 공부에 악영향을 미친다.

- 학습이 가장 잘되는 시간을 찾는다. 앞서 언급한 것처럼, 아침에 일찍 일어나는 종달새형은 아침에 공부를 많이 하고, 저녁에 늦게 자는 올빼미형은 저녁에 공부를 많이 하도록 하는 것이 좋다. 공부가 잘되는 시간에 휴식과 노는 계획을 세우고, 공부가 잘 안 되는 시간에 공부할 계획을 세우는 것은 어리석은 일이다.

- 자투리 시간을 활용하는 습관을 갖는다. 예를 들어, 버스를 기다리거나 혹은 갑자기 짧은 시간(in-between time)이 생긴다면, 학습을 하거나 미루었던 일을 한다. 영어 단어 카드를 읽거나 못한 전화를 하거나 이메일을 점검하거나 책상을 치우고 물건들을 제자리에 정리하거나 일일 계획을 살펴보고 우선 활동 순위를 조정하거나 제출할 보고서의 제목과 구성에 관해 생각하거나 근육 이완 체조를 할 수 있을 것이다. 인지적 부담을 크게 필요로 하지 않는 활동을 할 때도 학습을 할 수 있다. 예를 들어, 방 안을 정리하면서 영어 녹음을 들을 수 있을 것이다. '티끌 모아 태산'이라는 우리 속담처럼, 이런 자투리 시간 활용은 그 자체로는 얼마 되지 않는 양이지만 1년 단위로 모이면 큰 시간이다. 작은 차이가 후일 큰 차이를 만들 것이다.

효과적인 시간 사용은 공부에서 생기는 피곤함과 지루함을 극복하는 데에도 도움이 된다. 프라이는 피곤하고 지루할 때 그것을 극복하기 위한 다음의 다섯 가지 TIP을 제공하고 있다.

첫째, 피곤해서 공부하기 어려우면 잠깐 20분 정도 새우잠을 잔다. 하지만 길어도 40분을 넘기지 않는 것이 좋다. 40분이 넘어가면 다른 단계의 수면 상태로 들어가게 되고, 잠에서 깨더라도 전보다 더 피곤함을 느낄 수 있다.

둘째, 음료수를 마신다. 한 컵 정도의 커피나 차, 한 잔의 소다수는 몸을 상하게 하지 않으면서도 잠깐의 피곤함과 지루함을 해소해 줄 수 있다.

셋째, 방 안의 온도를 낮추어 준다. 방 안의 온도가 높으면 나른함을 유발할 수 있다.

넷째, 간단한 스트레칭을 한다. 잠시 자리에서 일어나 방 안을 걷거나 몸을 움직여 스트레칭을 하면 피곤함과 지루함이 줄어든다.

다섯째, 학습 시간 계획은 항상 재조정할 수 있어야 한다. 시간 사용 계획이 잡혀 있더라도 각성 수준이 매우 낮아진 몸과 마음의 상태라면 적절한 시간으로 학습 시간 스케줄을 재조정할 수 있어야 한다. 우리의 생체리듬은 항상 똑같지 않을뿐더러 시험이나 행사 등으로 각성 수준의 시간이 달라질 수 있기 때문이다.

효과적인 시간 사용을 위해서는 주변 정리 정돈의 기술도 필요하다. 주변이 잘 정돈되어 있을 때, 공부에 필요한 것을 빠르

고 효율적으로 찾을 수 있다. 스케줄에 따라 공부하려고 할 때 매번 필요한 학습 자료가 어디에 있는지 찾느라 시간을 소비한 다면 잘 짜인 학습 계획도 효용성이 없어질 것이다. 주변을 잘 조직하고 정렬하는 일은 스케줄과 학업을 효율적인 동시에 효과적으로 해내는 일이다. 포크와 오웬즈는 주변을 잘 조직하고 정렬하기 위하여 다음의 3단계를 조언하고 있다.

■ 주변을 정리하는 단계 1

첫째, 모든 자료를 각기 적절한 장소에 배치한다. 모든 학습 자료는 장소를 정해 항상 그 자리에 있도록 하는 것이 좋다. 예를 들어, 책은 책장에, 노트는 책상 서랍에, 보고서는 파일 박스

에, 연필과 펜들은 연필통에 놓아 둔다. 이후 분류된 장소를 더욱 세분화하여 자료들을 정리해 두면 더 편리하다. 예를 들어, 이번 학기에 사용하는 책들은 책장에서 가장 접근성이 좋은 곳에 두고, 지난 학기에 사용한 책들은 그다음 접근성이 좋은 곳으로, 과학과 수학 책들은 책장의 첫 번째 선반에, 역사와 영어 책들은 두 번째 선반에 두는 식으로 순서를 정할 수도 있다.

둘째, 자료는 합리적으로 조직한다. 작업장 근처에 여러 가지 불필요한 물건을 어지럽게 쌓아 놓으면 필요할 때 필요한 물건을 찾는 데 어려움을 느낄 것이다. 작업 공간 주변의 물건들을 합리적으로 정렬해 놓는 것은 작업의 효율성은 물론 시

간 절약에도 유용하다. 미국 중앙정보국(CIA)은 정렬해 놓은 사
물들을 쉽게 기억할 수 있는 방법을 고안하였는데, 현행(current),
긴급(imminent), 보관(archived)이라는 세 가지 방식으로 자료를 정렬
하는 것이다. 현행 자료란 현재 사용하고 있는 자료들을 의미
하며, 책상 바로 위나 근처에 배치하여 쉽게 찾을 수 있도록 정
렬한다. 긴급 자료란 현재 사용하고 있지는 않으나 곧 사용할
자료들을 말하며, 이 자료들은 근처의 책장이나 책상 서랍에
보관한다. 보관 자료란 과거에 사용한 것들로 접근성이 조금
떨어지는 책장이나 파일 캐비닛 또는 박스에 정리해 둔다.

　셋째, 논리적으로 라벨을 붙인다. 책장의 모든 책이 표지의

반대로 꽂혀 있다면 원하는 책을 바로 찾기 어려울 것이다. 라벨은 찾고자 하는 사물을 쉽게 인지하고 발견할 수 있도록 해 주고, 그것들을 체계적으로 조직할 수 있게 해 준다. 따라서 노트, 학습카드, 컴퓨터 파일, 폴더, CD 등 다양한 자료를 분류하고 조직한 다음 다시 검토가 필요하다면 라벨링을 한다. 라벨링을 하는 시간은 1분이 넘지 않으나 학습 자료를 찾을 때에는 크게 시간을 절약해 준다. 라벨링을 할 때 도움이 되는 제안들은 다음과 같다.

냉정한 부모의 자녀교육법 자녀의 재능 계발을 위한 열 가지 교육 지침

- 같은 주제의 폴더들을 알파벳 또는 가나다 순서로 배치하여 같은 위치에 자리 잡게 한다.
- 한 수업의 상이한 부분들을 별도의 폴더나 칸막이들로 라벨링한다. 수업에서의 노트, 실험실에서의 노트, 교과서를 읽고 노트한 것, 수업 시간에 받은 자료들, 기타 수업 자료들을 별도로 라벨링하여 하위 폴더들의 섹션으로 보관한다.
- 각 노트 페이지 또는 파일에 충분한 정보를 추가로 기입하여 그 자체로서 의미 있는 자료로 만든다. 노트한 것들은 필요할 때 다시 분류하여 사용할 수 있는데, 사용 후에는 다시 제자리를 찾아갈 수 있도록 각 노트 페이지에 교과명(예: 생물 I), 노트한 날짜, 페이지 번호 등을 추가로 노트 상단의 여백에 기록해 둔다. 컴퓨터로 기록을 하였다면 날짜와 교과명을 기입하여 저장한다(d:20191225-생물I).
- 자료를 파일 박스에 보관할 경우, 모든 폴더의 이름을 알파벳 또는 가나다 순으로 색인 목록을 만들어 붙인다. 이런 식의 색인 목록을 만들어 붙이면 박스를 열기 전에 찾고자 하는 폴더들을 쉽게 찾을 수 있다.

▣ 주변을 정리하는 단계 2

〈단계 1〉이 학습 자료를 효과적으로 조직하고 비치하는 것이었다면, 〈단계 2〉는 학습 자료를 융통성 있게 관리하는 단계이다. 〈단계 1〉에서 구성해 놓은 자료 관리의 체제를 오랫동안 유지하고 시간을 낭비하지 않으려면, 학습 자료들을 유연하게 관리할 필요가 있다. 다음은 학습 자료들을 유연하게 관리하는 두 가지 TIP이다.

첫째, 종이를 뺐다 끼웠다 할 수 있는 바인더를 사용한다. 요즘의 바인더 노트는 다양한 방식으로 기록한 노트들을 묶고 풀어헤칠 수 있도록 편리하게 고안되어 있다. 바인더 노트를 사용하여 기록한 자료를 필요할 때마다 융통성 있게 재조직하는 것이 좋다. 노트는 어떤 공책 한 권의 부분으로 기록하는 것보다 별도의 개별적인 노트로 기록하는 것이 시험을 치르거나 보고서 작성 시 참고 자료로 사용할 때 훨씬 편리하다.

둘째, 공책은 수업별로 작성한다. 공책에 여러 수업의 내용이 함께 들어가도록 하지 않고 수업별로 공책을 마련해야 시험을 치르거나 보고서를 작성할 때 정보를 융통성 있게 관리하고 사용할 수 있다. 매시간 공책을 마련하는 것이 쉽지는 않지만 바인더 노트를 사용하고 견출지를 붙이거나 색깔이 다른 칸막이를 사용하면 이 문제를 해결할 수 있다.

냉정한 부모의 자녀교육법 자녀의 재능 계발을 위한 열 가지 교육 지침

▣ 주변을 정리하는 단계 3

학습 주변을 정리하는 〈단계 3〉은 학습을 끝낸 후 정리 정돈하고, 다음 날의 학습 자료를 준비해 놓는 과정이다. 이 단계에서는, 한 과제를 끝내고 다음 과제로 이동하는 경우에 작업하던 관련 학습 자료들을 그대로 작업 공간에 널브러져 있지 않도록 하는 것이 핵심이다. 학습 후 단지 몇 분의 시간을 투자하여 정리 정돈을 하고 다음 과제에 바로 임할 수 있도록 정리를 습관화하는 것이다. 이전에 학습하던 자료들을 그대로 놔두고 자리를 뜨게 되면 다음 날 학습에 방해가 되고, 그런 습관이 오래되면 작업 공간에는 계속 자료들이 쌓이게 되어 다른 과제를 위한 공간이 부족하게 된다. 학습 후 작업 관련 자료들을 정리 정돈하는 데 드는 시간은 오히려 장기적으로는 많은 시간을 절약하게 만든다. 다음 날의 학습을 준비한 후에 잠자리에 드는 것은 다음과 같은 이점을 가지고 있다.

첫째, 다음 날 허둥대며 잊어버리는 자료들이 줄어들게 된다.

둘째, 다음 날의 학습 활동에 관해 미리 생각하게 되고, 마음의 준비를 하는 심리적 효과가 있다.

셋째, 다음 날 아침에 일어나 학습 준비가 다 된 상황을 맞이하면 학습이 덜 귀찮게 느껴지고, 지연 현상을 극복하는 데에도 도움이 된다.

66

시간 계획을 짜는 가장 큰 목적은 빈틈없이 시간 계획을 짜는 것이 아니라

일의 우선성을 계획하는 데 있다.

99

10.

결과보다 과정을 중시한다

현재에 열중하라. 오직 현재 속에서만 인간은 영원을 알 수 있다.
―요한 볼프강 폰 괴테(Johann Wolfgang von Goethe)―

교육 목적과 관련하여 두 가지의 관점이 존재해 왔다. '도구로서의 교육'과 '과정으로서의 교육'이 그것이다. 도구로서의 교육은 교육의 외적 가치에 목적을 두고 학생이 후일 성인의 삶 속에서 필요한 사회 · 경제적 능력과 지위를 얻도록 하는 교육의 수단적 측면을 강조하고 있다. 과정으로서의 교육은 교육의 내적 가치에 중점을 두고 학생이 전인으로 성장하여 자아실현을 이루는 교육의 본질적 측면에 초점을 맞추고 있다.

교육 과정 철학자 블렌킨(Blenkin)과 켈리(Kelly)는 '도구로서의 교육'과 '과정으로서의 교육'은 각기 교육에 관한 강조점이 다를 뿐이라고 말하고 있다. 도구적 교육이 학생의 성장 결과에

〈교육〉

중점을 두고 있다면, 과정적 교육은 학생의 성장 과정에 목적을 두고 있다. 도구로서의 교육은 특정한 종류의 최종 결과를 얻는 것을 교육의 핵심으로 보며, 과정으로서의 교육은 성장과정 속에 있는 한 인간으로서의 학생 개인에 초점을 맞추고 있다.

교육의 한자 표현 '教育'에서 '教'는 부모가 회초리를 들고 사회에서 필요한 것들을 익히도록 본을 보이며 따르도록 한다는 의미이고, '育'은 부모가 아이를 젖가슴에 품고 성장하도록 돌본다는 의미이다.

냉정한 부모의 자녀교육법 자녀의 재능 계발을 위한 열 가지 교육 지침

• 도구로서의 교육: 교육의 외적 가치(성장 결과)에 초점

• 과정으로서의 교육: 교육의 내적 가치(성장 과정)에 초점

　'敎育'이라는 뜻도 도구로서의 교육이 '敎'에, 과정으로서의 교육이 '育'에 상응한다고 해석할 수 있다. 그렇다면 교육이 갖고 있는 이 두 가지 측면은 어느 한쪽을 일방적으로 취하는 옳고 그름의 문제라기보다는 비중의 문제로 보아야 한다. 다음 그림에서처럼, 초등학교 과정에서는 교육의 과정적 측면의 비중이 클 수밖에 없고, 중등학교로 나아갈수록 도구로서의 교육 비중이 커지는 것이 바람직하다.

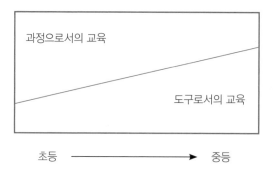

냉정한 부모의 자녀교육법 자녀의 재능 계발을 위한 열 가지 교육 지침

이 그림은 구체적으로 다음과 같은 해석을 품고 있다. 첫째, 과정으로서의 교육과 도구로서의 교육은 초등교육과 중등교육 과정에서 모두 필요하다. 둘째, 초등교육과 중등교육 과정을 거치면서 과정으로서의 교육과 도구로서의 교육은 비중의 차이가 생긴다. 초등교육에서는 과정으로서의 교육이 도구로서의 교육보다 비중이 더 크고, 중등교육 과정에 들어가면 그 비중이 반대가 된다. 셋째, 초등교육이든 중등교육이든 간에 상관없이 과정으로서의 교육은 항상 도구로서의 교육보다 상위에 있다.

눈여겨볼 것은, 도구로서의 교육과 과정으로서의 교육이 비중을 달리하더라도 과정으로서의 교육이 항상 상위에 위치해야 한다는 점이다. 즉, 두 차원의 교육이 학교급별에 따라 비중은 달라지지만, 과정으로서의 교육은 항상 일차적인 지위에 있어야 하고, 도구로서의 교육은 이차적 지위에 있어야 한다는 것이다. 재능 계발에서의 교육도 일차적 목적인 자아실현은 어떤 시점에서 완결되는 결과의 의미가 아니라 끊임없이 추구되어 가는 과정의 개념이다. 재능의 발달은 긴 시간을 필요로 하기 때문에 자녀가 성장하는 여러 시간대에서 나타나는 일시적인 결과에 크게 연연하지 않고 생애적 관점에서 그 결과를 해석해야 한다. 때로는 결과가 기대했던 수준에 못 미쳤더라도 그것이 자녀의 영재성을 가시화하는 생애적 발달의 차원에서는 의미 있는 경험이 될 수도 있기 때문이다. 에디슨이 백열등의 필라멘트를 만들 때 1,500번의 실패 후 기쁜 마음으로 "나는 안 되는 방법 1,500가지를 알게 되었다."라고 선언하였던 것은 결과보다는 과정을 중시하는 태도의 전형적인 예라고 볼 수 있다.

듀이는 현재의 삶을 탐구하며 충분히 즐길 때 미래를 가장 잘 준비할 수 있다고 말한다. 전통적인 교육에서 아동기는 미래를 위해 희생되어야 할 것으로 생각되는 경우가 많았다. 그런 입장에서 미래를 준비하는 일이란 성인이 되어 필요로 할 교과의 지식과 기능의 습득이다. 이러한 방식의 교육은 그것이

"나는 안 되는 방법 1,500가지를 알게 되었다."

냉정한 부모의 자녀교육법 자녀의 재능 계발을 위한 열 가지 교육 지침

현재 아동의 경험세계나 흥미나 요구에 적절한지 또는 부적절한지에 관해서는 고려가 부족하였고, 아동이 그 학습을 즐기든 즐기지 않든 문제가 되지 않았다. 현재는 미래를 위해 참고 견뎌야 하는 것이고 희생되어야 하는 것으로 여겨졌기 때문이다.

현대 교육의 주된 관심은 미래를 위한 교과의 지식과 기능보다는 아동의 현재적 삶, 즉 '지금-여기(here and now)'에 있다.

지금-여기

듀이의 말을 빌린다면, "교육의 준비란 개인이 자신의 현재 경험으로부터 자신을 위해 존재하는 모든 것을 도출해 내는 것이다." 현재는 미래를 위한 희생이 아니라 그 자체로 의미 있는 경험이고 나아가 미래를 위한 준비이다. 현재는 미래의 장기적인 목적을 위해 희생되어야 하는 것이 아니라 충분히 탐구되어야 하며, 현재의 경험은 충분하게 활용되어야 한다. 부모도 자녀의 흥미가 어디에 있는지를 파악하고, 자녀가 그 영역에서의 탐구와 그것을 통해 나날이 이루어지는 경험의 성장을 즐기고, 그것이 아동기 삶이 되도록 하여 즐겁고 의미 있게 미래를 준비하도록 해 주어야 한다.

과정 중심 교육이 시사하는 점 또 하나는 결과를 얻는 과정의 정당성이다. 우리 속담 중에 '모로 가도 서울만 가면 된다.'라는 말은 과정보다는 결과를 중시하는 말이다. 오로지 결과만이 중요하다는 것은 특히 재능교육에서 경계해야 할 부분이다. 역사적으로 많은 영재가 만들어 낸 창의적 산물들은 인류의 발전에 기여하기도 하였지만 인류의 생존을 위협하기도 하였다. 도덕적으로 떳떳한 목적과 정당한 과정을 거쳐 창의적인 산물을 생산한 경우에도, 그것을 창출해 낸 사람의 의도와 관계없이 인류의 발전을 저해하는 방향으로 쓰이는 경우도 많았다. 목적과 과정이 정당하지 못한 절차를 거쳐 탄생된 창의적 산물은 더욱 해악적으로 사용될 가능성이 높다. 사회적 차원에서뿐만 아니라 영재 개인의 차원에서도 과정의 정당성을 무시하는 결과는 자신의 자아실현에 도움이 되지 않으며 오히려 그의 삶을 망치는 일이 될 수 있다. 그렇기 때문에 영재에게 과정을 중시하는 삶을 살도록 안내하는 것은 그에게 행복의 삶을 인도하는 일이다. 냉정한 부모는 자녀의 빠른 성취를 위해 조바심을 내지 않으며 과정의 정당성을 중요하게 생각한다. 냉정한 부모는 뛰어난 사회적 성취를 이룩한 사람들이 도덕적 절차나 정당한 과정을 무시하여 몰락하는 경우를 잘 아는 부모이다. 냉정한 부모는 과정을 중요시하면서 자녀의 영재성을 계발하고 자녀의 자아실현을 돕는 멘토이고 코치이며 모델이다.

"

'과정으로서의 교육'은 '도구로서의 교육'보다 항상 상위에 위치해야 한다.

"

냉정한
부모의
자녀교육법

III

나가며

현대의 영재교육은 과거의 지능 중심의 교육에서 재능 중심의 교육으로 전환되고 있다. 영재성을 보는 관점도 학업 성취의 상대적 수월성 개념에서 다양한 재능 영역에서의 상대적 수월성 개념으로 확대되었다.

과거의 영재교육은 지능검사에서 높은 점수를 얻은 학생들을 대상으로 전개되었으나, 현대의 영재교육은 재능의 개념에 기초하여 자신의 재능을 발견하고 계발해 가는 쪽으로 나아가고 있다. 현대의 영재교육은 모든 학생이 뛰어난 지능의 소유자는 아닐지라도 적어도 한 영역에서는 잘하고 좋아하는 재능을 갖고 있을 것이라고 가정하고, 그 영역에서의 잠재적 영재성을 계발하여 탁월한 성취를 보이도록 하는 데 관심을 두고 있다. 높은 지능도 필수적인 요소는 아니다. 성취를 내기 위해 요구되는 지능의 수준은 영역에 따라 차이가 있을 수 있으나, 일반적으로 평균 지능인 100 이상이면 충분하다. 오히려 재능 영역별로 요구되는 수준의 지식과 기능, 그리고 창의적 인성 요소들이 적절한 환경을 만나면 가시적인 산출물을 내는 성인 영재로 성장할 수 있다고 본다. 그렇기 때문에 현대의 영재교육이 기본적으로 주문하고 있는 것은 모든 학생이 갖고 있는 어떤 재능 영역에서의 잠재성이 성인이 되어 가시적 영재성으로 나타날 수 있도록 학교, 가정, 사회가 유기적 관계를 유지해야 한다는 것이다.

하지만 학교의 제도적 교육은 그것이 가지고 있는 보편주의 철학과 집단 중심의 교육 때문에 학생들 개개인의 재능을 살려 주는 개별화 교육 서비스를 체계적이고 일관되게 제공해 주기에는 한계가 있다. 그와 같은 학교 교육의 성격 때문에 재능교육은 학교 교육만으로 성공하기에 매우 어려울 수밖에 없고 가정의 적극적인 역할을 요구하고 있다. 탁월한 성취를 올린 사람들에 관한 여러 연구는 재능 발달의 긴 과정을 지원하는 가정의 역할은 성취한 그림의 한 조각일 뿐이지만 한결같이 바로 그것이 결정적이었다고 말한다. 이 모든 과정에 있어 이 책에서 강조하는 냉정한 부모의 역할이 중요하다. 이런 관점에서 저자들은 영재교육 분야에서 이루어진 여러 연구물을 바탕으로, 자녀의 재능 계발을 위해 상호 작용하는 가이드라인을 '열가지 지침'으로 제시하였다. 이 지침들은 다음과 같은 성격을

냉정한 부모의 자녀교육법 자녀의 재능 계발을 위한 열 가지 교육 지침

띠고 있다.

첫째, 이 지침들은 주로 자녀들이 겪는 문제에 관한 치료적 차원의 것들이라기보다는 교육적이고 예방적 차원의 성격을 갖는다. 또한 자녀의 재능 계발 과정에서 필요한 교육적 안내를 제공하여 문제의 발생을 최소화하기 위한 사전적 지침의 성격을 갖고 있다. 자녀들의 성장 과정에서 문제가 발생한 다음 그것을 해결하고 교정하는 구제교육(remedial education)은 개인에게는 물론 국가 차원에서도 손실이 클뿐더러 영재들의 경우에는 특히 그러하다. 최근 미국의 통계에 따르면, 학교를 중퇴하는 고등학생의 19%, 범죄를 저지르는 청소년 중 9~20%가 영재들이며, 영재들의 과반수가 자신들의 능력에 상응하는 학교 성적을 올리지 못하는 미성취 영재들이었다. 영재들은 다른 사람들보다 뛰어난 능력으로 개인이나 집단 사회에 기여할 수 있다는 긍정적 효과도 큰 반면에, 자칫 부적응 학생 등으로 전락할 수 있다는 부정적 결과도 무시할 수 없다.

둘째, 이 책에서 제시된 지침과 구체적 실천 방안들은 학교와 같은 형식적인 교육 기관에서의 교육이나 일반 교육 상담의 자료로도 사용될 수 있다. 우리나라는 아직 공교육 기관에 영재교육에 대한 전문성을 갖추고 자격증이 있는 전문 교사가 배치되어 있지 않다. 그런 점에서 제시된 지침들이 학교 현장에서도 영재교육에 관한 이해와 방법에 도움이 되기를 기대한다. 렌줄리 등이 제시하는 모델처럼 영재들을 별도 학급으로 구성하여 지도하지 않고, 일반 학교와 일반 학급의 상황에서 일반 아동들과 함께 통합적으로 지도하는 방법론이 확대되고 있다. 이 지침들은 이런 통합적 영재교육 상황에서 영재뿐만 아니라 일반 아동들의 교육에도 적용할 수 있는 방법론이 될 것이다.

셋째, 영재교육에 관한 바른 인식은 긍정적인 영재교육에 기여할 것이다. 부모들이 자녀의 영재성을 계발해 나가면서 부모 자신들도 성인 영재가 되는 경향성이 높아진다는 보고는 참으로 흥미롭다. 그것은 영재성과 영재성 계발을 위한 방법론을 이해하게 되면서 그것을 자신들에게 적용함에 따라 나타나는 긍정적 현상이다. 그런 점에서 저자들은 이 책에 제시된 재능 계발의 지침들이 부모, 교사들은 물론이고 일반 사회인에게도 자기 발전에 많은 도움이 될 것이라 생각한다.

마지막으로, 이 책에서 권하는 냉정한 부모의 특징을 요약하자면, 냉정한 부모는 침착하고 합리적이며 이성적으로 자녀를 이끄는 부모이다. 영재의 직업관이 일시적이거나 지엽적이거나 물질적이기보다는 장기적이고 세계적이며 도덕적인 차원의 성격을 지니고 있다면, 자녀의 재능 계발을 위한 과정에 항상 냉정한 부모가 있어야 하는 이유이다.

재능 계발을
위한 TIP

〈'충분히 기능하는 인간'의 특징적인 삶〉

• 삶의 경험에 대해 열린 마음을 갖는다.
• 더 존재론적인 삶을 산다.
• 자기 자신을 더욱 신뢰한다.

〈삶의 목적을 확고하게 하는 TIP〉

• 삶의 목적을 확고히 하기 위해서 종이에 목적을 적어 늘 보이는 장소 몇 곳에 붙여 놓도록 한다.
• 삶의 목적이 성취되었을 때의 모습을 상상하여 그것을 마음속에 강한 이미지로 새겨 둔다.

〈학습 동기가 나타나는 기반〉

• 흥미에 기반한 동기로서 자신이 배우고 있는 것을 재미있고 가치롭다고 생각할 때 발생한다.
• 자기 효능감에 기반한 동기로서 자기 효능감, 즉 자신이 잘 학습할 수 있을 것이라는 지각을 형성할 때 발생한다.
• 귀인에 기반한 동기로서 성공과 실패의 원인을 노력이라고 생각할 때 발생한다.

〈공부방 꾸미기의 TIP〉

- 책걸상은 창가 옆 자연의 밝은 빛이 들어오는 곳에 배치하되 책상의 방향은 벽 쪽이 아니라 방의 중앙을 향하도록 하는 것이 좋다.
- 청각적·시각적 방해 요인들을 최소화한다.
- 전등은 방을 밝히는 등과 책상 위에 또 하나의 스탠드 등을 갖는 것이 좋다.
- 공부방의 의자는 뒤가 곧고 아래는 편안하며 쿠션이 있는 것이 좋다.
- 독서대를 사용한다.
- 공부방에 다양한 책을 준비한다.
- 공부방에 여러 학습 도구를 준비한다.
- 공부할 때는 TV를 멀리한다.

〈두 번째 교사의 영향력〉

- 학생으로 하여금 정확성과 정교함에 있어 높은 수준의 능력에 도달하기를 기대하며, 완벽주의적 태도를 취하면서 학생이 많은 연습을 통해 비교적 짧은 시간에 많은 진보를 이루도록 요구한다.
- 학생의 장기 목표와 단기 목표를 설정하도록 도움을 준다.
- 학생에게 해당 재능 영역에서의 삶의 의미와 목적에 대한 관점을 형성하도록 도움을 준다.

냉정한 부모의 자녀교육법 자녀의 재능 계발을 위한 열 가지 교육 지침

- 학생과 비슷한 흥미와 재능 영역에서 활동하고 있는 친구와 선배들을 소개해 주고, 동료이자 경쟁자로서의 자신의 위치를 파악하도록 도움을 준다.
- 학생이 경진 대회에 참여하도록 주선하여 해당 재능 영역에서의 정체성 확립에 도움을 준다.
- 학생이 재능 영역에서 내적 동기에 의해 노력하고 학습 그 자체를 즐기도록 하여 자신의 발전에 대하여 스스로 비판하고 반성함으로써 추후 진보를 위한 피드백으로 사용하도록 돕는다.

〈중기 재능 발달 단계에서의 부모 역할〉

- 자녀가 레슨을 할 준비가 되어 있는지 확인한다.
- 자녀가 정규적으로, 그리고 철저히 연습 혹은 활동을 하는지 정기적으로 점검한다.
- 교사가 설정한 목표를 달성하기 위해 자녀가 성실하게 최선을 다하는지 점검한다.
- 자녀의 수업 현장에 자주 참관하고, 관련 서적을 공부함으로써 그 재능 영역에서의 교수법과 전문적 기능에 관하여 정보를 수집하여 조언을 한다.
- 교사와 함께 자녀의 진보에 관해 의견을 교환한다.
- 자녀의 연습이 중요함을 인정하고, 가족의 스케줄로 인해 자녀가 연습할 기회를 상실하지 않도록 조정한다.

- 자녀가 레슨에 참여하도록 교통수단을 제공하고, 장비와 재료 구입 비도 늘린다.
- 자녀가 연습을 게을리하거나 건너뛰거나 정해진 시간 전에 중지하지 않도록 지도한다.
- 자녀의 노력을 인정하고 칭찬하며 특별 보상을 제공하면서 '성취 가치'를 강조한다.
- 자녀의 재능 발달이 가족의 삶에서 중요한 부분이 되도록 하고, 자녀의 연습, 진보, 미래 경진 대회, 그 분야의 유명인들에 관해 토론을 한다.
- 일시에 모든 것을 탁월하게 수행할 수 없다는 것을 이해하고 다른 영역의 학교 성적이 보통 정도여도 재능 발달을 위한 '교환(trade-off)'으로 생각한다.
- 자녀의 재능 영역에 비슷한 흥미를 가지고 있는 다른 가족들과 긴밀한 유대를 형성하고 함께 재능 영역 관련 활동에도 참여한다.

〈대가 교수의 특징〉

- 해당 재능 영역에서의 발달을 추구하며 산다는 것의 의미와 그 목적을 알도록 한다.
- 해당 재능 영역에서 전문성을 가진 대화와 관찰을 통해 제자들에게 자신만의 스타일과 수행 영역을 찾도록 한다.

냉정한 부모의 자녀교육법 자녀의 재능 계발을 위한 열 가지 교육 지침

- 레슨과 연습에 대한 요구는 점점 더 강해지고 학생의 수행에서 나타나는 결점을 지적하여 극복하도록 한다.
- 최고 수준의 경지에 이르도록 노력을 하고 삶의 거의 모든 시간을 투자하여 다른 사람들은 상상하기조차 어려운 훈련의 과정에 들어가도록 한다.
- 프로젝트 과제를 부여하고 성취 여부를 평가한다.

〈코치로서의 부모 역할〉

- 부모는 심판보다는 코치가 되어야 한다.
- 부모는 높은 성취 기대와 함께 강력한 일의 윤리를 강조해야 한다.

〈영재 부모들의 행동적 특징〉

- 본인들이 근면하고 능동적인 사람들이었다. 다양한 활동으로 자신들의 하루를 채우고, 자녀들이 그것들을 배우고 따라 하기를 원하는 사람들이었다.
- 최선을 다하는 것을 가정의 중요한 가치로 설정하였다. 단순히 바쁜 것으로 충분하지 않고, 할 수 있는 한 최선을 다하라고 강조하였다.
- 자녀가 설정한 목표를 달성하면, 그 성취를 축하하는 이벤트를 갖고 보상을 하였다.

- 높은 수준의 과제 성공 표준을 설정하고 자녀의 수행이 표준에 미치지 못할 경우, 그 노력의 과정을 점검하고 교정하거나 지속적인 노력을 주문하였다.
- 부모들은 자신들의 시간을 잘 조직하여 생산적으로 사용하였고, 우선순위를 정하여 활동하였다.
- 부모도 자신의 여가 시간을 흥미 영역에 대한 연습과 학습에 사용하였다. 취미 또는 부업도 수동적이거나 비참여적이지 않았다.
- 가정에서 근면함과 높은 수준의 수행에 대한 자신의 행동 강령(code of conduct)을 설정하고 자녀들이 배우도록 스스로 모범을 보이며, 동시에 자녀와 함께 그 중요성에 관해 토론하고 실천에 옮기는지 모니터하였다.

〈베이어의 사고 기술 지도의 6단계〉

- 1단계: 자녀에게 몇 개의 사고 기술만을 소개하되 직접 교수법을 사용한다.
- 2단계: 연습과 적용의 기회를 주며, 결과에 대한 반성과 검토를 요구한다.
- 3단계: 사고 기술을 사용해야 할 상황을 설정하고 자기주도적으로 연습하도록 한다.
- 4단계: 사고 기술을 여러 교과와 배경 속에 전이하는 방법을 보여준다.

냉정한 부모의 자녀교육법 자녀의 재능 계발을 위한 열 가지 교육 지침

- 5단계: 여러 가지 새로운 배경에 전이하는 연습을 하도록 안내한다.
- 6단계: 사고 기술을 독립적으로 사용하도록 한다.

〈인지적 질문의 6수준〉

- 1수준: 사실적 지식에 관한 질문
- 2수준: 이해에 관한 질문
- 3수준: 적용에 관한 질문
- 4수준: 분석에 관한 질문
- 5수준: 종합적인 질문
- 6수준: 평가적 질문

〈와이머의 학습 기술 지도법〉

- 학습 기술 중 자녀가 현재 할 수 있는 것과 할 수 없는 것을 파악한다.
- 몇 개의 학습 기술을 집중적으로 지도한다.
- 학습 기술의 지도는 집중학습보다는 분산학습이 더 효과적이다.
- 학습할 준비가 되어 있는 적기를 활용한다.
- 학습 코칭 전문가들이 있으면 연대하여 자녀를 지도한다.

재능 계발을 위한 TIP

〈마음의 습관(habits of mind)을 사용하는 사람들의 특징〉

- 지성: 지적으로 행동하고자 하는 경향성이 있다.
- 가치: 가치를 중시하고 그 가치를 구현하기 위해 생산적인 행동을 한다.
- 민감성: 지적 행동의 패턴을 사용할 기회와 적절성을 민감하게 지각 한다.
- 능력: 기본 기능들과 지적 행동을 수행할 능력을 보유하고 있다.
- 헌신: 자신의 지적 행동 수행을 반성하고 증진하기 위해 노력한다.

〈창의적인 사고를 하는 사람들의 특징〉

- 과제에 대한 지속성이나 집착을 가지고 있다.
- 충동성을 통제한다.
- 이해와 공감을 가지고 듣는다.
- 융통성 있게 사고한다.
- 메타인지 능력을 보인다.
- 정확성과 정교성을 추구한다.
- 자주 질문하고 문제를 제기한다.
- 과거의 지식을 새로운 상황에 적용한다.
- 모든 감각 기관을 사용하여 데이터를 수집한다.
- 창조하고, 상상하며, 혁신한다.

냉정한 부모의 자녀교육법 자녀의 재능 계발을 위한 열 가지 교육 지침

- 경이로움으로 반응한다.
- 모험을 감행하고 책임을 진다.
- 유머를 좋아한다.
- 독립적으로 사고한다.
- 지속적으로 학습한다.

〈내부 방해 요인을 줄이는 TIP〉

- 공부 집중도를 스스로 점검한다.
- 근심 패드(worry pad)를 만든다.
- '멈춰(stop)' 기법을 사용한다.
- 멀티태스킹(multitasking)을 최소화한다.
- 잡념이나 정보를 목록표에 기록한다.
- 휴식 시간을 갖는다.
- 학습 내용과 능력의 균형을 맞춘다.

〈자녀가 스트레스를 겪고 있을 때 부모의 역할〉

- 대부분의 정서적인 갈등은 일시적인 것이다.
- 재능 그룹(talented cohort)을 만들어 준다.
- 암호화된 메시지를 잘 파악한다.

재능 계발을 위한 TIP

〈'나–메시지(I–message)' 대화의 기법〉

- 무엇이 부모를 곤란하게 하는지 분명하게 말한다.
- 자녀의 문제행동이 가져오는 가시적이고 구체적인 결과에 관해 말한다.
- 자녀의 문제행동이 부모에게 야기하는 감정에 관해 말한다.

〈자녀의 재능 영역 탐색을 위한 TIP〉

- 부모는 자녀가 어느 영역에서 보다 우수한 능력을 가지고 있는지, 그리고 그 영역을 좋아하는지 동시에 살펴보아야 한다.
- 자녀가 가진 신체적 · 인성적 · 물리적 조건들이 종합적으로 어떤 강점과 약점을 구성하고 있는지를 파악한다.
- 열려 있는 직업을 갖도록 안내한다.

〈시간 관리 기술의 장점〉

- 시간 관리는 자신의 삶에 더 큰 통제력을 가할 수 있다.
- 삶에 여유를 준다.
- 시간을 절약해 준다.
- 시간의 통제로부터 자유로워진다.
- 삶에 융통성을 제공해 준다.

냉정한 부모의 자녀교육법 자녀의 재능 계발을 위한 열 가지 교육 지침

〈학습 계획의 기본 지침〉

- 큰 시간으로 묶인 단위는 낭비되지 않도록 계획한다.
- 황금 시간대(prime time)에 공부하도록 계획한다.
- 예습 중심 수업과 복습 중심 수업을 구별하여 계획한다.
- 너무 세세하게 계획을 세우지 않는다.
- 비학업적인 활동들도 계획에 포함한다.

〈학습 계획의 3단계〉

- 단계 1: 학기별 계획이고 이것은 마스터 플랜이다.
- 단계 2: 주별 플랜이며 마스터 플랜에 기초하여 매주 만든다.
- 단계 3: 하루 플랜이며 하루 과제 목록을 위하여 시간 단위를 계획한다.

〈피곤과 지루함을 이기는 TIP〉

- 피곤해서 공부하기 어려우면 잠깐 20분 정도 새우잠을 잔다.
- 음료수를 마신다.
- 방 안의 온도를 낮춘다.
- 간단한 스트레칭을 한다.

- 학습 시간 스케줄은 항상 재조정할 수 있어야 한다.
- 효과적인 시간 사용을 위해서 주변 정리 정돈이 필요하다.

〈주변을 정리하는 단계 1〉

- 모든 자료를 각기 적절한 장소에 배치한다.
- 자료는 합리적으로 조직한다.
- 라벨(label)을 논리적으로 붙인다.

〈주변을 정리하는 단계 2〉

- 단계 1: 종이를 뺏다 끼웠다 할 수 있는 바인더를 사용한다.
- 단계 2: 공책은 수업별로 만들어 작성한다.

냉정한 부모의 자녀교육법 자녀의 재능 계발을 위한 열 가지 교육 지침

〈주변을 정리하는 단계 3〉

학습을 끝낸 후 정리 정돈하고 다음날 학습 자료를 준비해 놓는 과정이며, 이는 다음과 같은 이점이 있다.

- 단계 1: 다음 날 허둥대며 잊어버리는 자료들이 줄어들게 된다.
- 단계 2: 다음 날의 학습 활동에 관해 미리 생각하게 되고, 마음의 준비를 하는 심리적 효과가 있다.
- 단계 3: 다음 날 아침에 일어나 학습 준비가 다 된 상황을 맞이하면 학교 공부가 덜 귀찮게 느껴지고, 지연 현상을 극복하는 데에도 도움이 된다.

참고문헌

강충열(2006). 자녀를 영재로 키우는 가정교육 10훈. 아동교육, 16(1), 31-48.

Agostino, V. R. (1998). Community, character, and schooling. In T. Rusnak (Ed.), *An Integrated Approach to Character Education* (pp. 125-136). NY: Macmillan Publishing Company.

Albino, J., & The Editors of Gifted Children Monthly. (1985). *Parents' Guide to Raising a Gifted Child: Recognizing and Developing Your Child's Potential*. Toronto: Little, Brown and Company.

Asher, S. R., Hymel, S., Wigfield, A., & Markell, R. A. (1987). Influence of topic interest on children's reading comprehension. *Journal of Reading Behavior, 10*, 35-47.

Ayers, W. (1986). Think about teachers and the curriculum. *Harvard Educational Review*, 56(1), 49-51.

Bandura, A. (1977). *Social Learning Theory*. Englewood Cliffs, NJ: Prentice-Hall.

Barr, R. B., & Tagg, J. (1995). From teaching to learning: A new paradigm for undergraduate education. *Change, November–December*, 13-25.

Barron, F. (1956). Originality in relation to personality and intellect. *Journal of Personality*, 25, 730-742.

Barron, F. X. (1969). *Creative person and creative process*. Oxford, England: Holt, Rinehart, & Winston.

Baumrind, D. (1971). Current patterns of parental authority. *Developmental Psychology Monograph*, 4(1), 2-10.

Beck, L. (1989). Mentorships: Benefits and effects of career development. *Gifted Child Quarterly*, 33, 22-28.

Benninga, J. S., Berkowitz, M. W., Juehn, P., & Smith, K. (2011). Character and academics. In J. L. DeVitis & T. Yu (Eds.), *Character and Moral Education* (pp. 36-42). NY: Peter Lang.

Berne, E. (1961). *Transactional Analysis in Psychotherpy*. NY: Ballantine Books.

Beyer, B. K. (1988a). Developing a scope and sequence for thinking skills instruction. *Educational Leadership*, 45(7), 26-30.

Beyer, B. K. (1988b). *Developing a Thinking Skills Program*. Boston, MA: Allyn & Bacon.

냉정한 부모의 자녀교육법 자녀의 재능 계발을 위한 열 가지 교육 지침

Blenkin, G. M., & Kelly, A. V. (1981). *The Primary Curriculum*. London: Harper & Row, Publishers.

Bloom, B. S. (1985). *Developing Talent in Young People*. NY: Ballantine Books.

Bloom, B. S., & Sosniak, L. A. (1981). Talent development vs schooling. *Educational Leadership, 39*(2), 86-94.

Bores-Rangel, E., Church, A. T., Szendre, D., & Reeves, C. (1990). Self-efficacy in relation to occupational consideration and academic performance in high schools equivalency students. *Journal of Counseling Psychology, 37*(4), 407-418.

Borich, G. D. (2011). *Effective Teaching Methods: Research-based Practice*. Upper Saddle River, NJ: Prentice Hall, Inc.

Cohen, Y. (1964). *Transition from Childhood to Adolescence*. Chicago, IL: Aldine.

Costa, A. L. (2001a). Introduction: The vision. In A. Costa (Ed.), *Developing Minds: A Resource Book for Teaching Thinking* (pp. xv-xviii). Alexandria, VA: Association for Supervision and Curriculum Development.

Costa, A. L. (2001b). Teacher behaviors that enable student thinking. In A. Costa (Ed.), *Developing Minds: A Resource Book for Teaching Thinking* (pp. 359-369). Alexandria, VA: Association for Supervision and Curriculum Development.

Costa, A. L. (2003). In the habit of skillful thinking. In N. Colangelo & G. A. Davis (Eds.), *Handbook of Gifted Education* (3rd ed., pp. 325-334). Boston, MA: Allyn & Bacon.

Costa, A. L., Lowery, L. E. (1989). *Techniques for Teaching Thinking*. Pacific Grove, CA: Critical Thinking Books and Software.

Costa, A. L., & Marzano, R. J. (2001). Teaching the language of thinking. In A. Costa (Ed.), *Developing Minds: A Resource Book for Teaching Thinking* (pp. 379-383). Alexandria, VA: Association for Supervision and Curriculum Development.

Cox, C. M. (1926). *Genetic Studies of Genius: Vol. 2. The Early Mental Traits of Three Hundred Geniuses*. Stanford, CA: Stanford University Press.

Cox, J., Daniel, N., & Boston, B. O. (1985). *Educating able Learners: Programs and Promising Practices*. Austin, TX: University of Texas Press.

Csikszentmihalyi, M., & Robinson, R. E. (1986). Culture, time, and the development of talent. In R. J. Sternberg & J. E. Davidson (Eds.), *Conceptualization of Giftedness* (pp. 264-284). NY: Cambridge University Press.

Dansereau, D. (1985). Learning strategy research. In J. W. Segal, S. F. Chipman, & R. Glaser (Eds.), *Thinking and Learning Skills: Relating Instruction to Research* (Vol. 1, pp. 209-239). Hillsdale, NJ: Lawrence Erlbaum.

Davis, G. A., & Rimm, S. B. (2004). *Education of the Gifted and Talented*. Boston, MA: Pearson Education, Inc.

냉정한 부모의 자녀교육법 자녀의 재능 계발을 위한 열 가지 교육 지침

Delisle, J. R. (1992). *Guiding the Social and Emotional Development of Gifted Youth*. NY: Longman.

Dewey, J. (1913). *Interest and Effort in Education*. Cambridge, MA: Riverside Press.

Dewey, J. (1938). *Experience and Education*. NY: Macmillan.

Dewey, J. (1971, 11th impression). *The Child and the Curriculum*. Chicago, IL: The University of Chicago, IL Press.

Emmett, J. D., & Minor, C. W. (1993). Career decision-making factors in gifted young adults. *Career Development Quarterly*, *41*, 350-366.

Feldman, D. H. (1986). *Nature's Gambit: Child Prodigies and the Development of Human Potential*. NY: Basic Books.

Flemming, E. S., & Hollinger, C. L. (1981). The multidimensionality of talent in adolescent young women. *Journal for the Education of the Gifted*, *4*, 188-198.

Fox, D. (1983). Personal theories of teaching. *Studies in Higher Education*, *8*(2), 151-163.

Fry, R. (2011). *How to Study*. Crawfordsville, IN: RR Donnelley.

Getzels, J. W., & Jackson, P. W. (1958). The meaning of giftedness-an examination of an expanding concept. *Phi Delta Kappan*, *40*, 275-277.

Ginsberg, G., & Harrison, C. H. (1977). *How to Help Your Gifted Child*. NY: Monarch Press.

Goertzel, V., & Goertzel, M. G. (1962). *Cradles of Eminence*.

Boston, MA: Little, Brown.

Gogel, E. M., McCumsey, J., & Hewett, G. (1985). What parents are saying. *G/C/T*, *November–December*, 7–9.

Healy, J. (1990). *Endangered Minds: Why Our Children Can't Think*. NY: Simon & Schuster.

Heller, K. A. (1993). Scientific creativity. In G. R. Bock & K. Ackrill (Eds.), *Origins and Development of High Ability* (pp. 139–150). London: Wiley.

Hill, N. K. (1980). Scaling the heights: The teacher as mountaineer. *Chronicle of Higher Education, June*, *16*, 48–62.

Hitt, W. D., & Stock, J. R. (1965). The relation between psychological characteristics and creative behavior. *Psychological Record*, *15*, 133–140.

Hollingworth, L. S. (1942). *Children Above 180 IQ Stanford-Binet: Origin and Development*. NY: World Book.

Howley, C. B. (1989). Career education for able students. *Journal for the Education of the Gifted*, *12*(3), 205–217.

Hudd, S. S. (2011). Character education in contemporary America. In J. L. DeVitis & T. Yu (Eds.), *Character and Moral Education* (pp. 78–88). NY: Peter Lang.

Kaufmann, F. A., & Sexton, D. (1983). Some implications for home-school linkages. *Roeper Review*, *6*, 49–51.

Kelly, K. R., & Colangelo, N. (1984). Academic and social self-concepts of gifted, general, and special students. *Exceptional*

냉정한 부모의 자녀교육법 자녀의 재능 계발을 위한 열 가지 교육 지침

Children, 50, 551-554.

Kulieke, M. J., & Olszewski-Kubilius, P. (1989). The influence of family values and climate on the development of talent. In J. VanTassel-Baska & P. Olszewski-Kubilius (Eds.), *Patterns of Influence on Gifted Learners: The Home, the Self, and the School* (pp. 40-59). NY: Teachers College.

Lickona, T. (2011). Character education: Seven crucial issues. In J. L. DeVitis & T. Yu (Eds.), *Character and Moral Education* (pp. 23-29). NY: Peter Lang.

Lickona, T., Schaps, E., & Lewis, C. (2011). Eleven principles of effective character education. In J. L. DeVitis & T. Yu (Eds.), *Character and Moral Education* (pp. 30-35). NY: Peter Lang.

MacKinnon, D. W. (1962). The nature and nurture of creative talent. *American Psychologist*, 17, 484-495.

MacKinnon, D. W. (1963). Creativity and images of the self. In R. H. White (Ed.), *The Study of Lives* (pp. 250-278). NY: Atherton.

MacKinnon, D. W. (1965). Personality and the realization of creative potential. *American Psychologist*, 20, 273-281

Marland, S. P. (1972). *Education of the Gifted and Talented(Vol. 1)*. Report to the Congress of the United States by the U.S. Commissioner of Education. Washington, DC: US Government Printing Office.

Maslow, A. H. (1976). Creativity in self-actualizing people. In A. Rothenberg & C. R. Hausman (Eds.), *The Creativity Question* (pp. 86-92). Durham, NC: Duke University Press.

Mayer, R. E.(2003). *Learning and Instruction*. Upper Saddle River, NJ: Pearson Education, Inc.

National Commission on Excellence in Education. (1983). *A National at Risk: The Imperative for Educational Reform*. Washington, DC: US Government Printing Office.

Passow, A. H. (1981). The nature of giftedness and talent. In R. J. Sternberg & S. M. Reis (Eds.), *Definitions and Conceptions of Giftedness* (pp. 1-12). Thousand Oaks, CA: Corwin Press.

Passow, A. H., Goldberg, M. L., Tannenbaum, A. J., & French, W. (1955). *Planning for Talented Youth*. NY: Teachers College Press.

Pauk, W., & Owens, R. J. Q. (2011). *How to Study in College*. Boston, MA: Wadsworth, Cengage Learning.

Perrone, P. A. (1997). Gifted individual's career development. In N. Colangelo & G. A. Davis (Eds.), *Handbook of Gifted Education* (pp. 398-415). Needham Heights, MA: Allyn & Bacon.

Piechowski, M. M. (1987). Family qualities and the emotional development of older gifted students. In T. M. Buescher (Ed.), *Understanding Gifted and Talented Adolescents* (pp. 17-23). Evanston, IL: Center for Talent Development, North Western University.

Pulvino, C. J., Colangelo, N., & Zaffrann, R. T. (1976). *Laboratory*

냉정한 부모의 자녀교육법 자녀의 재능 계발을 위한 열 가지 교육 지침

Counseling Programs. Madison, WI: University of Wisconsin, Department of Counseling and Guidance.

Pyryt, M. C. (2000). Talent development in science and technology. In K. A. Heller, F. J. Mönks, R. J. Sternberg, & R. F. Subotnik (Eds.), *International Handbook of Giftedness and Talent* (pp. 427-438). NY: ELSEVIER.

Reis, S. M. (1990). Teaching techniques. *Learning, 90*, 46-47.

Renzulli, J. S. (1986). The three-ring conception of giftedness: A developmental model for creative productivity. In R. J. Sternberg & J. E. Davidson (Eds.), *Conceptions of Giftedness* (pp. 53-92). Cambridge, MA: Cambridge.

Renzulli, J. S., & Reis, S. M. (2003). The schoolwide enrichment model: Developing creative and productive giftedness. In N. Colangelo & G. A. Davis (Eds.), *Handbook of Gifted Education* (pp. 184-203). Boston, MA: Allyn & Bacon.

Rimm, S. B., & Lowe, B. (1988). Family environments of underachieving gifted children. *Gifted Child Quarterly, 32*, 353-359.

Rimm, S., Rimm-Kaufman, S., & Rimm, I. (1999). *See Jane Win: The Rimm Report on How 1,000 Girls Became Successful Women*. NY: Crown Publishers.

Robinson, A., & Clinkenbeard, P. (1998). Giftedness: An exceptionality examined. *American Review of Psychology, 49*, 117-139.

Robinson, N. M., & Noble, K. D. (1991). Social-emotional development and adjustment of gifted children. In M. C. Wang, M. C. Reynolds, & H. J. Walberg (Eds.), *Handbook of Special Education: Research and Practice, Volume 4: Emerging Programs* (pp. 57-76). NY: Pergamon Press.

Rogers, C. R. (1954). Toward a theory of creativity. *ETC: A Review of General Semantics, 11*(4), 249-260.

Rogers, C. R. (1961). *On Becoming a Person*. Boston, MA: Houghton Mifflin.

Rosenthal R., & Jacobson, L. (2003). *Pygmalion in the Classroom: Teacher Expectation and Pupil's Intellectual Development*. NY: Crown House Publishing.

Ryan, K., & Bohlin, K. E. (1999). *Building Character in Schools: Practical Ways to Bring Moral Instruction to Life*. San Francisco, CA: Jossey-Bass.

Sands, T., & Howard-Hamilton, M. (1995). Understanding depression among gifted adolescent females: Feminist therapy strategies. *Roeper Review, 17*, 192-195.

Schiefele, U., Krapp, A., & Winteler, A. (1992). Interest as a predictor of academic achievement: A meta-analysis of research. In K. A. Renninger, S. Hidi, & A. Krapp (Eds.), *The Role of Interest in Learning and Development* (pp. 183-212). Hillsdale, NJ: Erlbaum.

Schuler, P. A. (1999). *Voices of Perfectionism: Perfectionistic Gifted*

Adolescents in a Rural Middle School. Storrs, CT: National Research Center on the Gifted and Talented.

Schuller, R. H. (2005). *Don't Throw Away Tomorrow: Living God's Dream for Your Life.* San Francisco, CA: Harper Collins.

Schwartz, P. (1999). Quality of life in the coming decades. *Society,* 36(2), 55-60.

Sebring, A. D. (1983). Parental factors on the social and emotional adjustment of the gifted. *Roeper Review,* 6(2), 97-99.

Silverman, L. K. (1993). Counseling needs and programs for the gifted. In K. A. Heller, F. J. Mönks, & A. H. Passow (Eds.), *International Handbook of Research and Development of Giftedness and Talent* (pp. 133-147). Oxford: Pergamon.

Silverman, L. K. (1997). Family counseling with the gifted. In N. Colangelo & G. A. Davis (Eds.), *Handbook of Gifted Education* (pp. 382-397). Boston, MA: Allyn & Bacon.

Simpson, D. J. (2011). Neo-Deweyan moral education. In J. L. DeVitis & T. Yu (Eds.), *Character and Moral Education* (pp. 207-226). NY: Peter Lang.

Smith, M., & Smith, G. (1990). *A Study Skills Handbook.* Oxford: Oxford University Press.

Swartz, R. J., Costa, A. L., Beyer, B. K., Reagan, R., & Kallick, B. (2008). *Thinking-based Learning.* NY: Teachers College Press.

Tannenbaum, A. J. (1983). *Gifted Children: Psychological and Educational Perspectives.* NY: Macmillan Publishing Co., Inc.

Tannenbaum, A. J. (1992). Early signs of giftedness: Research and commentary. *Journal for the Education of the Gifted, 15,* 104-133.

Tracey, T. J. G., & Caulum, D. (2015). Minimizing gender differences in children's interest assessment: Development of the Inventory of Children's Activities-3(ICA-3). *Journal of Vocational Behavior, 87,* 154-160.

VanTassel-Baska, J. (1988). The humanities as a curricular essential for the gifted. In J. Feldhusen, K. Seeley, G. Wheatly, L. Silverman, & W. Foster (Eds.), *Comprehensive Curriculum for Gifted Learner* (pp. 277-299). Boston, MA: Allyn & Bacon.

Vernon, J. D. (1970). Creativity and intelligence: Research implications for equal emphasis in high school. *Exceptional Children, 36,* 565-569.

Vygotsky, L. S. (1977). The development of higher psychological functions. *Soviet Psychology, 15*(3), 60-73.

Wallach, M. A., & Kogan, N. (1965). *Modes of Thinking in Young Children.* NY: Holt, Rinehart and Winston, Inc.

Ward, V. S. (1975). Basic concepts. In W. B. Barbe & J. S. Renzulli (Eds.), *Psychology and Education of the Gifted* (pp. 61-71). NY: Irvington Publishers.

Weimer, M. (2013). *Learner-Centered Teaching: Five Key Changes to Practice.* San Francisco, CA: Jossey-Bass.

Welsh, G. S. (1977). Personality correlates of intelligence and creativity in gifted adolescents. In J. C. Stanley, W. C. George, & C. H. Solano (Eds.), *The Gifted and the Creative: A Fifty-year Perspective*. Baltimore, MD: Johns Hopkins University Press.

Witty, P. (1958). Who are the gifted? In H. B. Henry (Ed.), *Education for the Gifted(57th Yearbook, Part II. National Society for the Study of Education)* (pp. 41-63). Chicago, IL: University of Chicago, IL Press.

Zettel, J. (1979). State provisions for educating the gifted and talented. In A. H. Passow (Ed.), *The Gifted and Talented: Their Education and Development(78th yearbook of the National Society for the Study of Education)* (pp. 63-74). Chicago, IL: University of Chicago, IL Press.

Zuckerman, H. (1977). *Scientific Elite: Nobel Laureates in the United States*. NY: Free Press.

저자 소개

강충열(Kang Choongyoul)

서울교육대학교 졸업
매릴랜드대학교 심리학 학사
위스콘신대학교 대학원 교육심리학 석 · 박사
김영삼 문민정부 교육개혁위원회 전문위원
서울시내 초등학교 교사
한국교원대학교 제1대학장
현) 한국교원대학교 교수
  한국통합교육과정학회장
  한국교과영재학회장
  한국교원대학교 교원능력개발센터장
  한국교원대학교 학습부진전문가연수센터장
  한국교원대학교 학교혁신연구지원센터장

〈주요 저서〉
학교혁신의 이론과 실제(공저, 2013, 지학사)
초등학교 통합교과 교육론(공저, 2012, 학지사)
교육과정 리더십(공역, 2011, 학지사) 외 다수

박승렬(Park Seungyoul)

경인교육대학교 졸업
서울교육대학교 교육학 학사
한국교원대학교 대학원 교육학 석·박사
서울교대부설초등학교 외 초등학교 교사
제6, 7차 교육과정 국정교과서 집필위원
동아일보, 조선일보, 어린이 동아 교육칼럼니스트
현) 한국교원대학교 겸임교수
　　　사단법인 21세기교육협회 이사장
　　　LC교육연구소장
　　　한국교과영재학회 고문
　　　한국교원대학교 인구·안전연구소 공동연구원

〈주요 저서〉
독서토론논술 정반합 프로그램(저작권 등록, 비매품)
박승렬 스터디스킬 36권(저작권 등록, 비매품)
논리와 넌 누구니 3학년(1996, 교학사) 외 다수

냉정한 부모의 자녀 교육법

-자녀의 재능 계발을 위한 열 가지 교육 지침-

Authoritative Parenting:
10 Guidelines for Children's Talent Development

2019년 2월 15일 1판 1쇄 인쇄
2019년 2월 20일 1판 1쇄 발행

지은이 • 강충열 · 박승렬
펴낸이 • 김진환
펴낸곳 • ㈜ 학 지 사
　　　　04031 서울특별시 마포구 양화로 15길 20 마인드월드빌딩
대표전화 • 02-330-5114　　팩스 • 02-324-2345
등록번호 • 제313-2006-000265호

홈페이지 • http://www.hakjisa.co.kr
페이스북 • https://www.facebook.com/hakjisa

ISBN 978-89-997-1769-7 03370

정가 14,000원

이 도서의 국립중앙도서관 출판시도서목록(CIP)은 서지정보유통지
원시스템 홈페이지(http://seoji.nl.go.kr)와 국가자료공동목록시스템
(http://www.nl.go.kr/kolisnet)에서 이용하실 수 있습니다.
(CIP 제어번호: CIP2019003611)

교육문화출판미디어그룹 학 지 사

심리검사연구소 인싸이트 www.inpsyt.co.kr
원격교육연수원 카운피아 www.counpia.com
학술논문서비스 뉴논문 www.newnonmun.com
간호보건의학출판 학지사메디컬 www.hakjisamd.co.kr